中等职业教育示范建设课程改革创新系列教材
中职中专特色项目系列教材

创 业 教 育

张俊亮　编著

科 学 出 版 社
北 京

内 容 简 介

本书内容主要包括创业意识、创业者的素质、创业项目的选择、市场调研与分析、市场营销计划、创业资金、企业法律形态、企业人员及组织机构、企业注册流程和企业计划书十个章节。每一节均包括创业航标和创业行动等内容。创业航标中收录了目前国内成功人士的名言以及创业故事；创业行动则启发学生思考并亲身实践。

本书既可作为中职校学生的创业课程教材，也可作为社会相关人员的培训教材，还可作为创业实践者的指导读本。

图书在版编目(CIP)数据

创业教育/张俊亮编著. —北京：科学出版社，2015

（中等职业教育示范建设课程改革创新系列教材·中职中专特色项目系列教材）

ISBN 978-7-03-045864-3

Ⅰ.①创… Ⅱ.①张… Ⅲ.①创造教育－中等专业学校－教材 Ⅳ.G718.3

中国版本图书馆 CIP 数据核字（2015）第 231970 号

责任编辑：苑文环 / 责任校对：刘玉靖

责任印制：吕春珉 / 封面设计：耕者设计工作室

科学出版社 出版

北京东黄城根北街 16 号

邮政编码：100717

http://www.sciencep.com

北京中科印刷有限公司 印刷

科学出版社发行 各地新华书店经销

*

2015 年 9 月第 一 版 开本：787×1092 1/16

2021 年 2 月第七次印刷 印张：7 1/4

字数：150 000

定价：24.00 元

（如有印装质量问题，我社负责调换〈中科〉）

销售部电话 010-62142126 编辑部电话 010-62135763-2001

序

高等院校从20世纪90年代后期开始关注创业教育，陆续开展创业实践活动。我校从2008年开始开展创业教育，除了理论知识的传授以外，还陆续搭建有利于开展学生创业教育的实践基地，为学生提供真实的或模拟的实践锻炼平台。

多年的创业教育及实践让我们深刻地感受到，创业教育是一个崭新的领域，是我们职业教育的一个新的关注点。它能够帮助学生树立创业意识、培养创业思维、掌握创业技能、提升职业竞争力。对中职学生进行创业精神的培养是一件有意义的事，这符合当前政府和教育部门鼓励提升学生的创业素质和创业能力的导向。创业教育能够激发学生的创业热情，产生强烈的正面效应，潜移默化地提升学生的创业精神和创业能力，无论其最终是否创业，创业精神的养成对其今后的事业发展都会起到很大的作用，甚至影响人生的发展格局。

本书是我校多年创业教育的经验总结。我们相信本书的应用必将促进我校创业教育的发展，并对提升学生的综合素养和职业竞争力起到一定的作用。

无数成功者的经验表明，创业精神、知识与能力是职场发展、成功创业的法宝。创业教育利在当代、功在千秋，我们期待创业教育能够撑起中职教育的一片蓝天。

椒江区职业中等专业学校校长 王学满

编者自序

在当前严峻的就业形势下，国家鼓励社会青年、大中专毕业生自谋出路、自主创业。创业不但可以解决自己的就业问题，还可以为社会提供更多的就业岗位，为国家上缴赋税，所以创业是国家、地方政府以及职业院校比较关注的话题。有一部分高等院校和中职学校的学生毕业后马上创业，还有一部分在职场中锻炼一段时间，积累一定的经验、资金、人脉后也自主创业，他们用自己的能力对已有的资源或能够拥有的资源进行优化整合，为社会创造更大的经济或社会价值。

创业项目很多，涉及人类的吃、穿、住、用、行、玩等方面。创业者应根据自己的实际情况，看准市场，选定产品和服务，去创办自己的企业。

宗庆后、马云、雷军等成功的创业人士是我们的学习榜样。但是随着人们对创业内涵的进一步挖掘，创业已经不仅仅是创办自己的事业，那些立足于所在岗位上，能够成就自己，做出业绩，获得自我价值和社会价值的提升，也属于创业的内涵。例如，格力集团的董事长董明珠曾经是一名空调推销员，但是她立足岗位，通过不断为企业创造业绩获得了职场上的提升，现在成了一名成功人士。

那么，什么是创业教育，为什么开展创业教育呢？

创业教育是培养人的创业意识、创业思维、创业技能等各种创业综合素质，并最终使被教育者具有一定的创业能力的教育。创业教育是一种新兴的生存教育、发展教育和创新教育。它被联合国教科文组织称为教育的“第三本护照”，被赋予了与学术教育、职业教育同等重要的地位。

创业教育可以培养学生的创业技能与开拓精神，以适应将来不断变化的社会，并转变就业观念。美国的一项调查显示，表现最优秀的上市公司与高新技术企业经营者中有 86%接受过创业教育。

学校开展创业教育的目的是提高学生创业所必需的一些基本知识和创业技巧，特别是作为创业者要具备的全局思维、敏锐的市场意识、踏实肯干的作风、锲而不舍的精神、组织运作能力和为人处世的技巧等，还包括商业谈判技巧、市场评估与预测、启动资金募集方式等，并使学生初步具备关于金融、财务、人事、市场、法规等方面的基本知识。因此，在知识经济时代，我们绝对不能忽略创业教育，因为它很可能改变你的一生。

为了鼓励青年学生自立自强、艰苦奋斗、坚持不懈，本书的编写在内容的选择上精挑细选，有人生的选择、目标的制定、创业的含义、创业者应具备的素质，并围绕一个创业项目的来源到选择、市场调研与分析、营销计划、创业资金以及企业的法律形态、人员组成与组织机构、企业注册流程等内容进行分析。在编写体例上采用创业航标、创业理论和创业行动三个模块，其中创业航标中引入目前国内知名成功人士的介绍、名言以及创业故事来让学生初步了解成功人士，并激发学生成功的欲望和动机；创业理论介绍了创业的一些基本理论和技巧，以及其他的创业方面的资料；创业行动提供了可以让学生参与动手参与和实践的作业，以帮助学生更好地掌握相关的创业知识和技巧，提升创业能力。

无论学生毕业后选择就业或是创业，创业教育都可以鼓励学生树立职业发展目标，激发创新意识，培养不怕苦不怕累的创业精神，养成良好的行为习惯，为以后的职业生涯发展奠定坚实的基础。

张俊亮

2014年12月

前　言

笔者从事学校创业教育和社会创业培训多年，参与辅导多篇创业计划，接触了很多有志于创业和正在创业的学生和青年，了解作为创业者最需要了解的创业基本知识和技能，初步形成了自己对于创业的独特认识：在当前国家鼓励“以创业带动就业”的政策下，创业应该是立足于岗位通过努力成就自己的事业，强调的是全民创新意识和创业精神。因此，我们在实施创业教育和培训的过程中，不仅要关注创业基本常识和技能的落实，还要关注创业能力的训练，更要关注创新意识和创业精神的养成。

本书编写体例上按照创业航标、创业理论、创业行动的顺序进行设计，其中创业航标收集了大量的国内成功创业人士信息，对这些成功者进行介绍，包括其经典语录以及经历过的创业故事，用以激发读者的创业意识和创业激情；创业理论则介绍了创业过程中需要掌握的基本知识和技能；创业行动则引导读者构思创业项目并开展模拟运营。同时，本书理论联系实际，通俗易懂，可读性和可操作性强。

在本书撰写过程中，编者引用了一些概念、创业故事、链接的资料等内容，参考了有关专著、报刊和网络资源，在此对这些作者表示感谢。

由于编者水平有限，本书的编写缘由、体例安排及取材均针对学校的专业实际，故仅供参考，企盼同仁提出建设性的意见，以便再版时修改、完善。

张俊亮

2014 年 12 月

前 言

目　　录

导　言

我们从学校毕业迈入社会，就要面临在职场中求生存、求发展的问题。

我们可能在别人提供的平台中打拼事业，也可能创建属于自己的事业平台。无论做出哪种选择，我们的目的都是通过自己的努力，获得事业的丰收，以及专业的发展。

为了有充分的心理准备迎接职场生涯的到来，为了让自己的职业生涯发展留下一幕幕精彩的画面，为了让自己在退出职业生涯之后无怨无悔，我们要做一些准备。

如果准备创业，那么创业教育可以帮助我们了解自己是否具备适合创业的素质和条件；明白创业过程中要不怕困难，勇于承担风险；掌握创业要做好的准备工作。

如果直接就业，创业教育将让我们学会用老板思维来工作，用创业者的精神通过努力成就自己。

创业，你选择了吗？

第一章 创业意识

第一节 人生目标

创业航标

成功者说

你的时间有限，所以不要为别人而活。不要被教条所限，不要活在别人的观念里。不要让别人的意见左右自己内心的声音。最重要的是，勇敢地去追随自己的心灵和直觉，只有自己的心灵和直觉才知道你自己的真实想法，其他一切都是次要的。

——史蒂夫·乔布斯

成功者介绍

史蒂夫·乔布斯，发明家，企业家，美国苹果公司联合创办人、前行政总裁。乔布斯是改变世界的天才，他凭借敏锐的眼光和过人的智慧，勇于变革，不断创新，引领全球资讯科技和电子产品的潮流，把计算机和电子产品变得简约化、平民化，让曾经昂贵稀有的电子产品变为现代人生活的一部分。

成功者的故事

乔布斯自述——关于好恶与得失

我在很小的时候就发现自己喜欢做什么。我在 20 岁时和沃兹在我父母的车库里办起了苹果公司。我们干得很卖力。10 年后，苹果公司就被我们两个人发展成为一个市值 20 亿美元、拥有 4000 多名员工的大企业。而在此之前的一年，我们刚推出了 Macintosh 计算机，当时我刚过而立之年。可后来，我被解雇了。

你怎么会被自己办的公司解雇呢？是这样，随着苹果公司越做越大，我们聘请了一位我认为非常有才华的人与我一起管理公司。在开始的一年多时间里，一切都很顺利。可是，随后我们两人对公司前景的看法出现了分歧，最后反目，而董事会站在了他那边，所以在 30 岁那年，我离开了公司，而且这件事闹得满城风雨。我的整个生活重心都没有了，这使我心力交瘁。

一连几个月，我真的不知道应该怎么办。这次失败众人皆知，我甚至想过逃离硅谷。

但是，渐渐地，我开始有了一个想法——我仍然热爱我过去做的一切。在苹果公司发生的这些风波丝毫没有改变这一点。于是，我决定从头开始。

虽然当时我并没有意识到，但事实证明，被苹果公司“炒鱿鱼”是我一生中遇到的最好的事情。尽管前景未卜，但从头开始的轻松感取代了保持成功的沉重感。这使我进入了一生中最富有创造力的时期之一。

在此后的五年里，我开了一家名叫Next的公司和一家叫Pixar的公司，我还爱上一位名叫劳伦娜的了不起的女人，后来娶了她。Pixar公司推出了世界上第一部用计算机制作的动画片《玩具总动员》，它现在是全球最成功的动画制作室。世道轮回，苹果公司买下Next公司后，我又回到了苹果公司，我们在Next公司开发的技术成了苹果公司这次重新崛起的核心。我和劳伦娜也建立了美满的家庭。

我确信，如果不是被苹果公司解雇，这一切绝不可能发生。这是一剂苦药，可我认为苦药利于病。有时生活会给你当头一棒，但不要灰心。我坚信让我一往无前的唯一力量就是对所做的一切的热爱。所以，一定要知道自己喜欢什么，选择爱人时如此，选择工作时同样如此。工作将是生活中的一大部分，让自己真正满意的唯一办法，是做自己认为有意义的工作；做有意义的工作的唯一办法，是热爱自己的工作。你们如果还没有发现自己喜欢什么，那就不断地去寻找，不要急于作出决定。就像一切要凭着感觉去做的事情一样，一旦找到了自己喜欢的事，感觉就会告诉你。

思考：通过乔布斯的自述，你认为乔布斯是一个怎样的人？该故事给了你什么启示？

一、选择

人生是一种选择。你能过什么样的生活，这往往不是由别人决定的，而是由自己决定的。例如，你可以选择努力学习，掌握知识，考上理想的大学；你可以选择娱乐，让自己的生活丰富多彩，让自己留下很多的故事；你可以选择打工，在岗位上尽职尽责，力争有好的发展，过着相对安稳平淡的日子；你可以选择创业，通过努力收获事业的成功，同时要做好思想准备，因为创业的路是不平坦的，而且风险大。人的生命只有一次，如何让自己活得更精彩，让自己为社会作出更大的贡献，不同的人将有不同的选择。无论你有什么样的选择，你的内心深处一定会设立一个属于你自己的人生目标。

二、目标

我们要明白目标对人的一生有多么重要。在20世纪70年代，美国哈佛大学曾经进行了一项调查，调查的主题是目标对人生的影响，调查时间跨度为25年，是一项长期的跟踪调查。

首先，哈佛大学调查组选择了一群智力、年龄、学历、环境等客观条件都差不多的年轻人，开始进行长达25年的关于人生目标的跟踪调查。调查结果显示：3%的人有清晰而长远的目标；10%的人有清晰但比较短期的目标；60%的人目标模糊；27%的人根本没有目标。

25年后，哈佛大学再次对这群学生进行了跟踪调查。结果发现：3%目标清晰而长远的人，25年间他们始终朝着一个方向不懈努力，大多成为社会各界的成功人士，其中不乏行业领袖、社会精英；10%目标清晰但不长远的人，他们的短期目标不断地实现，成为各个领域中的专业人士，大都生活在社会的中上层；60%的人因为目标模糊，尽管他们现在安稳地生活与工作，但都没有什么特别成绩，大多生活在社会的中下层，事业平平；剩下 27%的人，他们的生活没有目标，过得很不如意，并且常常在抱怨他人，抱怨社会，抱怨这个不肯给他们机会的世界。

其实，他们之间的差别在 25 年前就已经显现了，他们中的一些人知道自己要做什么，将来朝什么方向发展，他们明确知道自己的人生目标是什么；而另一些人则不清楚，或从来没有思考过。不考虑社会背景，以及个人的努力和坚持，我们可以认为人与人之间的最大差别就在于是否有清晰而长远的目标，这将关系到其努力和坚持能否有最终的成就。

这个调查很清楚地表明，有没有目标对人未来的道路影响很大，有目标的人终究能成就一番事业，而没有目标的人可能一辈子平平淡淡，甚至怨天尤人，碌碌无为。由此可见，树立清晰且明确的人生目标非常重要。

你的目标是什么？赶快给自己定一个目标吧。

三、设定目标的方法

目标的设立必须有效，不可随便选择或制定。一般情况下，设定的目标要符合“SMART”原则：

S——明确的（Specific）、有方向性的、清晰的、具体的；

M——可以量化的（Measurable）、有数据衡量；

A——可以达到的（Attainable）、有一定的挑战性、通过努力可以实现；

R——注重结果的（Result-oriented）、实现目标后有具体的结果；

T——有时间期限的（Time-able）、以时间为基础的、计划目标的完成程度必须与时间关联。

目标制定者要结合自己的实际情况，确立一个清晰、具体的目标。例如，某学生的目标是考上重点大学。该学生在目标确定后即表明要学好各门功课，争取取得好成绩，这是方向要求；具体则要落实到语文、数学、英语等各门学科的学习上，包括考虑如何达到目标，缩短目前情况与目标的差距要做出怎样的努力等。假设该学生目前语文成绩为 70 分，达到目标需要考 80 分以上，那么中间差距是 10 分，应该通过什么行动去达到，多长时间达到，达到后又怎样调整目标，这些都需要在确定目标时加以考虑。

知识链接 1-1

愿望不能代替目标

一个优秀的职业人，必须先有正确的从业动机，这个动机不是求生存，而是要有强烈的“企图心”，至少对赚钱有相当的欲望，并有决心去挑战自己，愿意为自己的理想付出努力。

但是，理想很丰满，现实很骨感，绝大多数人的愿望最终都没能实现。

例如，“我想赚钱，赚很多钱，越多越好，然后买一套别墅。”但是过了十年，住的还是小房子，而且每个月还要还贷款。

又如，“我要好好学习，让自己成为一个知识渊博的人。”买了一大堆书，结果每次拿起来就睡着了，十年也没看完。

愿望不能成真，是因为很多人搞不清愿望和目标的区别，更搞不清目标和愿望的关系。

“赚很多钱”，这是愿望，愿望是不清晰的；“我要赚100万”，有点清晰，但没有完成的时间，所以先做两年准备工作也不要紧；“我打算五年内赚100万”，这才算有了初步的目标。

这里我们看到两个要素，一是具体化，二是有时间要求。因为愿望是不清晰的，所以做多做少无所谓，什么时候做都可以，就造成了拖延，这是愿望不能实现的主要原因。

目标的定义：目标是一项活动期望达到的最终结果。对结果的描述必须是明确的、有时间限制的，以及是在活动开始之初就设定好的。先有目标，再有行动。目标是行动的指南针。

追求成功的愿望必须先有，然后根据愿望设定目标，并根据目标规划行动，只要规划合理，每个步骤都落实，愿望就能实现。

知识链接 1-2

目标的重要性

目标的作用是巨大的：

第一，目标能够为行动指明方向。例如，你想去北京，车往北京开，不能往广东开，否则开得再快也是白搭。

第二，目标能够帮你选择行动的方式。例如，如果要求三天内到北京，可以开私家车；两天内要到，就坐火车，一天内要到就必须坐飞机。

第三，目标能够激发一个人的潜能。例如，姚明打篮球，每次投篮都有目标，因为要投中，所以他反复练习，后来越投越准，而且每场NBA联赛，都有一定的分数要求，否则，就会被淘汰。

强调考核与奖罚是目标管理不可缺少的一个环节。有了考核，就能体现目标的第三个价值。前面提到对目标的解释：目标是在活动开始之初就设定好的并想要达成的结果。而考核就是检验结果是否达成。如果没达到，处罚不是目的，而应该检查差距在哪里？是什么原因造成的？下一步怎么改进？这样有利于下次做得更好。如果不设定目标，那永远不知道自己做的对不对，水平永远不会提升。

拓展阅读 1-1

雷军的个人简历

1969年12月16日出生于湖北省仙桃市。

1987年毕业于原沔阳中学（现湖北省仙桃中学）。

1991年毕业于武汉大学计算机系，获得理学学士学位。

1992年初加盟金山公司。

1992年8月出任金山公司北京开发部经理，后任珠海公司副总经理。

1994年出任北京金山软件公司总经理。

1998年8月，开始担任金山公司总经理。在此期间，他的职业生涯从软件研发到市场运作，最后至高科技企业的管理，成功地组织开发了一系列产品，也成功地组织了一系列的市场操作。

1998年被武汉大学聘为名誉教授。合著有《深入DOS编程》《深入Windows编程》等书。

1999 年投资了卓越网和逍遥网，并出任卓越网董事长。

1999 年、2000 年、2002 年三年获得“中国 IT 十大风云人物”的殊荣。

2000 年年底公司股份制改组后，出任北京金山软件股份有限公司总裁。

2000 年年底被聘为北京市政府顾问。

2001 年当选为北京市软件行业协会副会长。

2002 年当选“首届首都十大青年企业家”。

2002 年任“863”计划——软件重大专项课题：桌面办公套件负责人。

2003 年被郑州工程学院聘为名誉教授。

2003 年当选“中关村科技园区优秀企业家”。

2003 年任“863”计划——计算机软硬件技术课题：网络游戏通用引擎研究及示范产品开发负责人。

2003 年被评为武汉大学第三届杰出校友。

2008 年 10 月 16 日，北京 UC 优视在京举办的公司战略发布会上，正式宣布原金山软件 CEO 雷军先生出任公司董事长。

2010 年 2 月 24 日，出任多玩游戏网董事长。

2010 年 4 月，启动小米科技，小米科技专注于 Android、iPhone 等新一代智能手机软件开发与移动互联网热点应用。

2010 年 7 月 14 日，裘伯君邀请雷军重返金山执掌网游与毒霸项目。

2010 年底，雷军辞去优视科技董事长一职。

2011 年 7 月 6 日晚间，金山软件宣布董事长兼 CEO 裘伯君退休计划，董事会提名委员会提名雷军出任董事长。

2011 年 7 月 11 日，雷军正式出任金山软件公司董事长。

2011 年 8 月 16 日，雷军投资创办的小米公司于 8 月 16 日正式发布小米手机。

2012 年 8 月 16 日，雷军投资创办的小米公司于 8 月 16 日正式发布小米手机 2，同时发布小米手机 1s。

2012 年 12 月，荣获“中国经济年度人物新锐奖”。

2013 年 3 月，荣获英国《财富》杂志“全球 11 位颠覆商业规则的创新者”奖项。

创业行动

在忙碌的学习生活中找出半小时的完全空闲时间，关掉手机、计算机，远离干扰，静下心来，让这半小时完全属于自己，帮助自己找到人生理想。这可能是人生中最重要的半个小时，自己的生命可能在这 30 分钟时间里变得不同，所以绝对是值得做的。

准备好纸和笔，在纸的最上方写下“我这辈子活着是为了什么”。

接下去要做的是，回答这个问题。把头脑中闪现的各种想法逐一写下来，可以是句子，也可以是几个字。

然后，删除“伪装”的答案，删除那些受到外界观念、主流思维影响而得出的答案，删除那些来自思维、回忆的答案，直到出现真正来自内心最深处的答案。

那么，写下我的人生目标是____________________________________

再思考，我是一名职业中专的学生，立足于现阶段的学习生活，将如何达成我的最终目标？

中专阶段：____

____

大学阶段：____

____

初入职场：____

____

职场发展：____

____

第二节　创业基本常识

创业航标

成功者说

给青年人的忠告：

许多残酷的事实，我们是无法逃避和无所选择的，抗拒不但可能毁了自己的生活，而且也许会使得自己精神崩溃。因此，人在无法改变不公、不幸和厄运时，要深深地接受它、适应它。

你所在的学校也许已经不再分优等生和劣等生，但生活却并不如此。在某些学校已经没有了“不及格”的概念，学校会不断地给你机会让你进步，然而现实生活完全不是这样。

——比尔·盖茨

成功者介绍

比尔·盖茨，美国微软公司的创始人之一。他与保罗·艾伦一起创建了微软公司，曾任CEO和首席软件设计师，并持有公司超过8%的普通股，也是公司最大的个人股东。1995～2007年的《福布斯》全球亿万富翁排行榜中，比尔·盖茨连续13年蝉联世界首富。2008年6月27日正式退出微软公司，并把580亿美元个人财产尽数捐到比尔与美琳达·盖茨基金会。2012年3月，《福布斯》全球富豪榜发布，比尔·盖茨以610亿美元位列第二。

成功者的故事

坚持梦想有大成

比尔·盖茨曾经在西雅图湖滨中学读书，这是美国一所最早开设计算机课程的学校。

当时还没有 PC，学校只有一台终端机。这台终端机连接着其他单位所拥有的小型电子计算机 PDP-10，每天只能使用很短时间，每小时的费用也很高。比尔·盖茨像发现了新大陆一样，只要一有时间，便钻进计算机房去操作那台终端机，几乎到了废寝忘食的地步。13 岁时，他便独立编写了计算机程序，可以用来玩月球软着陆的游戏。但过了半年，湖滨中学就没有钱支付昂贵的使用租金了。

后来找到帮助一家名为 CCC 的计算机公司“除臭虫（bug）”的机会，用“除虫”的报酬来支付他们操作计算机的费用（“臭虫”就是计算机行业里人们称呼软件中的错误的代名词，它会使计算机导出错误结果或死机）。每天 18 点左右，CCC 公司员工下班之后，比尔·盖茨便到那里“上班”。那里有许多台电传打字终端机可用，有各种计算机软件可尽情研究，真是如鱼得水。他太着迷了，几乎整晚都待在那里。“抓臭虫”的经历，使他自学到了很多许多书本上和学校里学不到的知识和技能，为日后的研究开发打下了精深的功底。

当比尔·盖茨 15 岁时，他的计算机才能已远近闻名了。1970 年，一家名叫信息科学的公司找到他，希望用提供使用 PDP-10 的计算机时间来交换他和他的同学保罗·艾伦的软件技术。因为按美国法律规定，不能向未成年人支付工资，所以该公司决定，以价值一万美元的计算机操作时间作为酬劳，要求他们为公司设计工资管理软件，两人高兴万分。

1973 年，美国国防项目承包商 TRW 公司要开发一套用于管理水库的计算机监督控制系统，可总是消灭不了各种“臭虫”，进度缓慢，眼看要遭到违约处罚了。在这紧急关头，TRW 公司得知比尔·盖茨和保罗·艾伦两个小电脑天才的事情后，便向他俩求援。他们高兴地答应了。这是一件很专业化又很艰难的工作，而且按规定，中学生只能拿工读生的低工资。但是他们并不计较，他们的主要目的是通过这种工作来提高和锻炼自己的软件设计能力。由于比尔·盖茨和保罗·艾伦的加入，TRW 公司按时完成了项目，免受巨额罚款。而比尔·盖茨和保罗·艾伦则得到了该公司一位计算机专家的具体指导，两人的软件技能得到了提高。

1973 年，比尔·盖茨考进了哈佛大学并和前微软公司首席执行官史蒂夫·鲍尔默成为好朋友。在哈佛大学的时候，比尔·盖茨为第一台微型计算机——MITS Altair 开发了 BASIC 编程语言的一个版本。在大学三年级的时候，比尔·盖茨离开了哈佛大学并把全部精力投入到他与孩童时代的好友保罗·艾伦在 1975 年创建的微软公司中。在计算机将成为每个家庭、每个办公室中最重要的工具的信念引导下，他们开始为个人计算机开发软件。比尔·盖茨的远见卓识，以及他对个人计算机的先见之明成为微软和软件产业成功的关键。在比尔·盖茨的领导下，微软持续地发展改进软件技术，使软件更加易用、更省钱和更富于乐趣。

思考：比尔·盖茨的故事给了你什么启示？

一、企业

在了解创业前，先了解一下什么是企业。企业是依法设立并以营利为目的的从事生产经营和服务活动的自主经营、自负盈亏的经济实体。按规模进行划分，企业分为特大型企业、大型企业、中型企业、小型企业和微型企业；按出资人的出资方式和责任形式进行划分，企业分为个人独资企业、合伙企业、公司制企业；按所属经济部门进行划分，

企业分为农业企业、工业企业和服务企业等。

二、创业

创业由“创”和“业”组成，内涵丰富。首先，“创”是创造，即创建、创立、创新之意，《辞海》的解释是“创立基业”。《孟子·梁惠王下》有“君子创业垂统，为可继也”之说。《出师表》中有云：“先帝创业未半而中道崩殂。”这里的“创业”是广义上的创业，是指“事业的基础、根基”，既可以是古代的“帝王之业”、“霸王之业”，也可以是百姓家业、家产和个人事业。

“业”的内涵很丰富，《现代汉语成语辞典》中对“业”有如下解释：学业、业务、工作、专业、就业、转业、事业、财产、家业、企业等。

“创”和“业”合起来，定义很多。在欧美地区创业核心期刊的文章和主要教科书中出现了 77 个创业定义，这些定义中出现频率最高的关键词主要有开创新事业、创建新组织、创造资源的组合、创新、捕捉机会、风险承担及价值创造。

综合起来，被普遍认可的创业含义是，创业者为了实现其特定的创业目标而开展的一个搜寻和捕获机会并由此创造新颖产品或服务的过程，即创办企业，建立一个属于自己的事业平台。从广义上讲，只要在岗位上能够发挥自己的热情和专长，通过努力做出业绩、成就自己也属于创业的范畴。

三、创业理由

一般情况下，人们创业的理由主要有以下 6 点。

1. 利润

给他人打工获取的是有限的报酬，仅供谋生和改善生活。要想获得更多的物质财富，要靠自己的奋斗和打拼。创业的主要目的是通过生产经营活动，为顾客提供产品和服务来赚钱，扣除产品和经营成本，利润归企业所有者拥有。创业者可以自由支配自己的收入，同时因为拥有巨大的财富而赢得周围人们的尊重和认可。当然创业者要为企业付出更多精力和努力，才会获得更多收入。

拓展阅读 1-2

中国各行业首富

1. 房地产首富——王健林
年龄：61 岁
公司：大连万达集团
2013 年福布斯中国富豪榜排名：1
2013 财富值：860.1 亿元人民币

2. 饮料行业首富——宗庆后
年龄：70 岁
公司：娃哈哈集团
2013 年福布斯中国富豪榜排名：2

2013 财富值：683.2 亿元人民币

3. 互联网及软件行业首富——李彦宏
年龄：46 岁
公司：百度
2013 年福布斯中国富豪榜排名：3
2013 财富值：677.1 亿元人民币

4. 能源行业首富——李河君
年龄：48 岁
公司：汉能控股集团
2013 年福布斯中国富豪榜排名：4
2013 财富值：664.9 亿元人民币

5. 汽车制造行业首富——魏建军
年龄：51 岁
公司：长城汽车
2013 年福布斯中国富豪榜排名：6
2013 财富值：549.0 亿元人民币

6. 电子商务行业首富——马云
年龄：51 岁
公司：阿里巴巴
2013 年福布斯中国富豪榜排名：8
2013 财富值：433.1 亿元人民币

7. 家用电器制造行业首富——何享健
年龄：73 岁
公司：美的集团
2013 年福布斯中国富豪榜排名：9
2013 财富值：414.8 亿元人民币

8. 机械装备制造行业首富——梁稳根
年龄：58 岁
公司：三一集团
2013 年福布斯中国富豪榜排名：14
2013 财富值：305.0 亿元人民币

9. 电子制造行业首富——姜滨
年龄：49 岁

公司：歌尔声学
2013 年福布斯中国富豪榜排名：15
2013 财富值：292.8 亿元人民币

10. 矿业首富——王文银
年龄：47 岁
公司：正威国际
2013 年福布斯中国富豪榜排名：18
2013 财富值：259.3 亿元人民币

11. 医药业首富——叶澄海
年龄：72 岁
公司：信立泰
2013 年福布斯中国富豪榜排名：38
2013 财富值：167.8 亿元人民币

12. 食品业首富——祝义材
年龄：51 岁
公司：雨润集团
2013 年福布斯中国富豪榜排名：42
2013 财富值：158.6 亿元人民币

13. 文娱行业首富——王长田
年龄：50 岁
公司：光线传媒
2013 年福布斯中国富豪榜排名：45
2013 财富值：152.5 亿元人民币

14. 服装服饰行业首富——邱光和
年龄：63 岁
公司：森马服饰
2013 年福布斯中国富豪榜排名：46
2013 财富值：149.5 亿元人民币

2. 自主性

创业者作为企业最高领导，为了保证企业的正常运营，根据企业实际情况来制定企业的相关规章制度，以此规范管理员工，自身在保证管理和企业发展方向的情况下，可以脱离制度之外不受制约，可以自主独立安排自己的日常活动行程，能够自由发挥自己的知识、技能和才干，实现精神自由。

3. 安全感

工作安全感是指能够确保持续获得就业机会及收入。创业者只要看准项目，执着努力地打拼，不但不会下岗，还会有持续的经济收入，甚至有越来越多的人跟随。这与在企业里工作不一样，受制于所在的企业规章制度管理，面临人际关系的纠纷和下岗的风险。如果自己创业，即使到了一定的年龄，只要愿意继续干下去，就可以一直做到不愿意做为止。

4. 灵活性

创业者创办企业，从项目的选择到采取的销售方式、管理方式等，都可以自己决定，而且在创办的这个企业里，所有的游戏规则都由创业者制定。创业者承担领导者的工作，按照自我认定的思路和经验去工作，具有很大的自由度和灵活性。创业者能力的大小将决定企业创办的类型和规模。

5. 社会地位

从某种程度上说，很多人都把追求金钱、社会地位作为自己的人生目标。创业者通过成功经营获得大量物质财富，参加社会活动做一些公益事业等，能够吸引政府和公众的关注，获得一定的社会地位，这使他们享受到其他人无法得到的快乐和自豪。

6. 自我价值的实现

能够做自己想做的事情，做自己喜欢的工作，同时为社会提供就业岗位，为顾客创造价值，为国家财政部门上缴利税，这一切都让创业者觉得自己所做的事情非常有价值。例如，喜欢摄影，可以开一家主题照相馆，为客人留下美丽瞬间，获得好评，自己的事业逐渐壮大，自我满足感和自我价值感便油然而生。

四、创业风险

创业者创办企业，需要投入一定的资金。企业成立初期，收支不能平衡，创业者不但没有报酬，还要追加投资。在企业运营中，要与供应商联系，与不同的客户打交道，要进行员工管理、财务管理，还要与相关部门和相关人士接触等，创业者将非常忙碌，不得不花很多时间，做自己不喜欢的事情。遇到困难、问题，创业者也要独自解决。一旦失败，企业将要面临倒闭的风险，所有投入的资金将打水漂，压力很大。特别是初次创业者，由于没有经验，处理事情时容易出错。

五、创业机遇

在社会就业形势越来越严峻的情况下，创业教育一直以来是我国政府极力倡导的。创业不但可以解决自身的就业问题，还可以向社会提供一些就业机会，为国家创造财富。通过创业教育，可以帮助一部分想创业的人掌握创业知识，提高创业成功率；同时即使不创业，也可以从一个企业的高度去选择适合自己的职业，在工作岗位上奉献自己。

国家强盛的根基是经济，经济的内容是企业，企业的灵魂是企业家。企业家是实现伟大复兴的中坚力量，是我们最稀缺的资源。那么企业家从哪里来？企业家就从这些创

业者中来。创业者经过市场的打磨、不断发展企业并回馈于社会，最终成为企业家。

21 世纪的中国，创业环境条件越来越好，借助知识和创意创建企业的梦想随时可以变成现实。创业为每个人创造了发展的机会和增加个人财富。

创业行动

【你适合创业吗】

测试题：

1）你父母有过创业的经历吗？

2）在学校时你学习成绩好吗？

3）在学校时，你是否喜欢参加群体活动，如俱乐部的活动或集体运动项目？

4）少年时代，你是否更愿意一个人待着？

5）你是否参加过学校工作人员的竞选或是自己做生意，如卖柠檬水、办家庭报纸或者出售贺卡？

6）你小时候是否很倔强？

7）少年时代，你是否很谨慎？

8）小时候，你是否勇敢而且富于冒险精神？

9）你很在乎别人的意见吗？

10）改变固定的日常生活模式是否是你开创自己生意的一个动机？

11）也许你很喜欢工作，但是你是否愿意晚上也工作？

12）你是否愿意随工作要求而延长工作时间，可以为完成一项工作而只睡一会儿，甚至根本不睡？

13）在你成功完成一项工作之后，你是否会马上开始另一项工作？

14）你是否愿意用你的积蓄开创自己的生意？

15）你是否愿意向别人借东西？

16）如果你的生意失败了，你是否会立即开始另一个？

17）（接上题）或者你是否会立即开始找一份有固定工资的工作？

18）你是否认为做一个企业家很有风险？

19）你是否写下了自己长期和短期的目标？

20）你是否认为自己能够以非常职业的态度对待经手的现金？

21）你是否很容易烦？

22）你是否很乐观？

分数计算法：

1）是：加 1 分；否：减 1 分。　2）是：减 4 分；否：加 4 分。

3）是：减 1 分；否：加 1 分。　4）是：加 1 分；否：减 1 分。

5）是：加 2 分；否：减 2 分。　6）是：加 1 分；否：减 1 分。

7）是：减 4 分；否：加 4 分。　8）是：加 4 分；否：减 4 分。

9）是：减 1 分；否：加 1 分。　10）是：加 2 分；否：减 2 分。

11）是：加 2 分；否：减 6 分。　12）是：加 4 分；否：减 4 分。

13）是：加 2 分；否：减 2 分。 14）是：加 2 分；否：减 2 分。
15）是：加 2 分；否：减 2 分。 16）是：加 4 分；否：减 4 分。
17）是：减 1 分；否：加 1 分。 18）是：减 2 分；否：加 2 分。
19）是：加 1 分；否：减 1 分。 20）是：加 2 分；否：减 2 分。
21）是：加 2 分；否：减 2 分。 22）是：加 2 分；否：减 2 分。

分析：

1）35～44 分——绝对合适。得 35 分以上的人士不自己创业，简直是资源浪费！

2）15～34 分——非常合适。如果你得分在 15 分以上（包括），那你应该说是个“老板坯子”了。

3）0～14 分——很有可能。你的人生其实可以有许多选择，包括选择自己创业还是就做个高级白领。你的智商和情商发展均衡，这意味着你在很多选择中可进可退，可攻可守。

4）－1～－15 分——也许有可能。如果你非要走创业之途，应该说也有属于自己的机会，但首先要克服很多困难，包括环境以及自身的思维方式与性格制约。

5）－16～－43 分——不合适。还是死了这条心吧。不要浪费自己也浪费别人的时间、精力和金钱。你应该仔细考虑自己是否适合做生意，因为你的才华可能并不在这方面。也许为别人工作或是掌握某种技术远比做生意更适合你，可以让你更好地享受生活的乐趣并且充分发挥自己的能力，发展自己的兴趣。

测试结果：

我的总分是________，属于________。对此，我的看法是________________
____

第二章 创业者的素质

第一节 创业者应具备的素质

创业航标

成功者说

生命，需要我们去努力。年轻时，我们要努力锻炼自己的能力，掌握知识、掌握技能、掌握必要的社会经验。

机会，需要我们去寻找。让我们鼓起勇气，运用智慧，把握我们生命的每一分钟，创造出一个更加精彩的人生。

——俞敏洪

成功者介绍

俞敏洪毕业于北京大学，曾留校担任北京大学外语系教师。1993 年创立新东方学校，2001 年成立新东方教育科技集团，2006 年 9 月 7 日新东方教育科技集团在美国纽约证券交易所成功上市。俞敏洪现任新东方教育科技集团董事长兼总裁，中华全国青年联合会、常务委员会委员、中国人民政治协商会议全国委员会，被媒体评为最具升值潜力的十大企业新星之一，20 世纪影响中国的 25 位企业家之一。他还曾担任第十一届和第十二届中国人民政治协商会议全国委员会委员，中国民主同盟中央常务委员会委员、北京大学企业家俱乐部理事长等身份。近年来，俞敏洪及其领衔的新东方创业团队已在全国多所高校举行上百场免费励志演讲，被誉为当下中国青年大学生和创业者的“心灵导师”、“精神领袖”。

成功者的故事

俞敏洪自述——在北大的故事

在北大当学生的时候，我一直比较具备为同学服务的精神。我这个人成绩一直不怎么样，但我从小就热爱劳动，我希望通过勤奋的劳动来引起老师和同学的注意，所以我从小学一年级就一直打扫教室卫生。到了北大以后我养成了一个良好的习惯，每天打扫宿舍卫生，这一打扫就是 4 年。所以我们宿舍从来没排过卫生值日表。另外，我每天都拎着宿舍的水壶去给同学打水，把它当作一种体育锻炼。大家看我打水习惯了，最后还产生这样一种情况，有的时候我忘了打水，同学就说“俞敏洪怎么还不去打水”。但是我并不觉得打水是一件多么吃亏的事情。因为大家都是同学，互相帮助是理所当然的。同学们一定认为我这件事情白做了。

又过了 10 年，到了 1995 年年底的时候，新东方做到了一定规模，我希望找合作者，结果就跑到了美国和加拿大去寻找我的那些同学，他们在大学的时候都是我生命的榜样，包括刚才讲到的王强老师等。我为了诱惑他们回来还带了一大把美元，每天在美国非常大方地花钱，想让他们知道在中国也能赚钱。我想大概这样就能让他们回来。后来他们回来了，但是给了我一个十分意外的理由。他们说：“俞敏洪，我们回去是冲着你过去为我们打了 4 年水。”他们说：“我们知道，你有这样的一种精神，所以你有饭吃肯定不会给我们粥喝，所以让我们一起回中国，共同干新东方吧。”就是这样，才有了新东方的今天。

人的一生是奋斗的一生，但是有的人一生过得很伟大，有的人一生过得很琐碎。如果我们有一个伟大的理想，有一颗善良的心，我们一定能把很多琐碎的日子堆砌起来，变成一个伟大的生命。但是如果你每天庸庸碌碌，没有理想，从此停止进步，那未来你一辈子的日子堆积起来将永远是一堆琐碎。所以，我希望所有的同学能把自己每天平凡的日子堆砌成伟大的人生。

思考：通过俞敏洪的自述，你觉得俞敏洪具备哪些素质？你能从中学到什么？

一个企业创办的成功与否，很大程度上取决于创业者的素质。成功的企业家往往具备以下素质。

一、良好的心理素质

心理素质包括心理需要、动机、兴趣、意志、性格等，它对创业者创业项目的成功与否起着重要的作用。

1. 需要和动机

美国社会心理学家、人格理论家和比较心理学家亚伯拉罕·马斯洛把人的心理需求分为五个层次：生理需求、安全需求、归属与爱的需求、尊重需求、自我实现需求。一般来说，较低层次的需求相对满足了，就会向较高的层次发展，追求更高层次的需要就成为趋势行为的动力。对于创业来说，创业者创业的需求层次越高，创业的动力越大。一般来说，创业动机的种类如图 2-1 所示。

2. 兴趣

创业一定遵循自己的兴趣，一定要干自己喜欢的事情。因为创业是很沉重和艰苦的。如果你做的事情不是你喜欢做的事，那就很难坚持下去。因为兴趣是人们进行某种活动的推动力，它关系着进取方向，奠定着事业的基础。

3. 意志

创业者一定要有自己的理想，如果只是想赚点小钱，那不是难事；但要成就一番事业，要付出艰苦的努力。所以一旦决定做一件事，那么就要破釜沉舟，不能有侥幸心理。意志就是人们自觉地确定目标，并根据目标调节自身的行动，克服困难，去实现预定目标的心理过程。创业者有良好的意志是很重要的，如独立性、敢为性、坚韧性、适应性、克制性、自觉性、果断性、坚持性等。

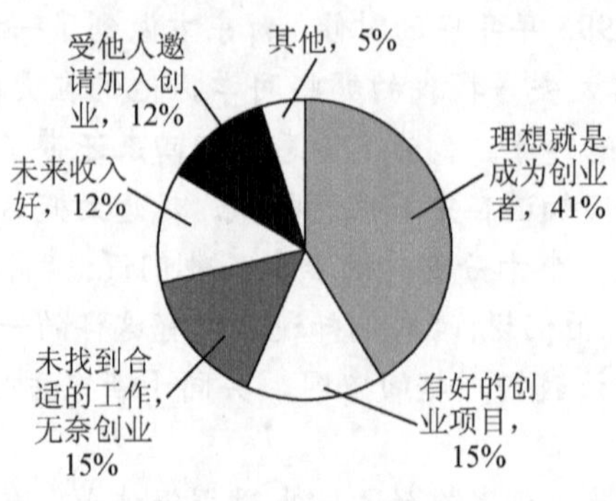

图 2-1　创业动机

案例思考 2-1

成功就是简单的事情重复做

全国著名的推销大师，即将告别他的推销生涯，应行业协会和社会各界的邀请，他将在该城中最大的体育馆，做告别职业生涯的演说。

那天，会场座无虚席，人们在热切地、焦急地等待着，那位当代最伟大的推销员，做精彩的演讲。当大幕徐徐拉开，舞台的正中央吊着一个巨大的铁球。为了这个铁球，台上搭起了高大的铁架。

一位老者在人们热烈的掌声中，走了出来，站在铁架的一边。他穿着一件红色的运动服，脚下是一双白色胶鞋。

人们惊奇地望着他，不知道他要做出什么举动。

这时，两位工作人员，抬着一个大铁锤，放在老者的面前。主持人对观众讲："请两位身体强壮的人，到台上来。"好多年轻人站起来，转眼间已有两名动作快的跑到台上。

老人这时开口和他们讲规则，请他们用这个大铁锤，去敲打那个吊着的铁球，直到把它荡起来。

一个年轻人抢着拿起铁锤，拉开架势，抡起大锤，全力向那吊着的铁球砸去，一声震耳的响声，那吊球动也没动。他就用大铁锤接二连三地砸向吊球，很快他就气喘吁吁。

另一个人也不示弱，接过大铁锤把吊球打得叮当响，可是铁球仍旧一动不动。

台下逐渐没了呐喊声，观众好像认定那是没用的，就等着老人做出什么解释。

会场恢复了平静，老人从上衣口袋里掏出一个小锤，然后认真地，面对着那个巨大的铁球。他用小锤对着铁球"咚"敲了一下，然后停顿一下，再一次用小锤"咚"敲了一下。人们奇怪地看着，老人就那样"咚"敲一下，然后停顿一下，就这样持续地做。

10 分钟过去了，20 分钟过去了，会场早已开始骚动，有的人干脆叫骂起来，人们用各种声音和动作发泄着他们的不满。老人仍然一小锤一停地工作着，他好像根本没有听见人们在喊叫什么。人们开始愤然离去，会场上出现了大块大块的空缺。留下来的人们好像也喊累了，会场渐渐地安静下来。

大概在老人进行到40分钟的时候，坐在前面的一个妇女突然尖叫一声："球动了！"霎时会场鸦雀无声，人们聚精会神地看着那个铁球。那球以很小的摆度动了起来，不仔细看很难察觉。老人仍旧一小锤一小锤地敲着，人们好像都听到了那小锤敲打吊球的声响。吊球在老人一锤一锤的敲打中越荡越高，它拉动着那个铁架子"哐——哐"作响，它的巨大威力强烈地震撼着在场的每一个人。终于场上爆发出一阵阵热烈的掌声，在掌声中，老人转过身来，慢慢地把那把小锤揣进兜里。

老人开口讲话了，他只说了一句话：在成功的道路上，你没有耐心去等待成功的到来，那么，你只好用一生的耐心去面对失败。

思考：老人的故事给了你什么启示？

4. 品德修养

有了意志力，有了清晰的创业目标，那么还有一点是很重要的，那就是诚信。除了对人要诚信、谦虚，还包括做事要负责、细心、主动。

二、创业知能结构

1. 专业性、职业性知识和能力

如果创业者从事的项目是自己所擅长的专业或行业，那么创业成功率会非常高。如果选择自己不擅长的行业进入，那么容易失败。古话"隔行如隔山"还是有道理的，所以要充分了解自己所擅长的专业或知识，选一个这方面的创业项目将相对容易成功。

如果创业者学过计算机专业，那么创业可选项目有计算机维修、计算机销售、计算机网络管理、计算机软件开发等；如果学的是服装设计专业，可选服装生产、服装销售、形象设计等项目。

2. 经营、管理知识和能力

不论什么样的企业，一旦建立之后，它的日常活动和生产经营、人员聘用等都是通过一定的组织管理来实现。如果初创企业在运营过程中经营出现销售问题、质量问题、服务问题、资金紧缺问题等，就很有可能导致企业面临风险，所以经营管理能力也是非常重要的。

"创业容易守业难"，这句话也反映了生活中有很多企业不能继续经营的主要原因是经营、管理方面出现了问题，导致企业不盈利，继而倒闭。

3. 综合性知识和能力

综合性的知识包括开办企业的知识，工商、税务、金融、保险、国家政策等方面的知识，还包括环保、人际交往、公共关系、社会心理等知识。创业者从创办企业初期到运营过程中，涉及和各个相关政府、行业协会以及供应商、客户、员工等对象的沟通和交流，掌握一定的综合性知识和能力，将为更好的创业和守业加分。

综合性的能力还包括企业家要具有收集信息、处理信息、综合利用信息的能力，具有发现机会、把握机会、创造机会的能力，适应变化、利用变化、驾驭变化的能力，还要具有识人、用人的能力，社会活动能力等。

三、其他条件

除了以上的一些素质外，创业者还要具备一定的创业资金、健康的体魄以及亲戚朋友的支持等条件。

四、提升创业竞争力

“金无足赤、人无完人。”如果我们还没有具备创业者应该具备的素质和条件，那么就应针对自己的不足之处努力学习。通过努力，我们可以提升知识、经验、技术和能力，改善创业条件，培养良好的素质。只要自己真心想要改变，就没有什么障碍能够阻拦。

如果技术、能力是弱项，可以通过前期到相关企业工作、参加短期的技术培训、自学、等方式学习提高，或者寻找该技术领域的专家、行家加入创业团队或聘请技术工人的方式解决问题；如果企业管理能力是弱项，可以通过学习提高自己的能力，或者请专职的企业管理人员来参与管理；如果创业资金存在问题，那么可以找亲戚朋友借钱，或者通过银行贷款、风险投资，以及邀请合作伙伴合伙创业等方式筹集资金。

创业者还可以利用以下一些机会提升自己的创业竞争力。

1）坚持看《新闻联播》，因为新闻中往往有政策导向的作用，可以从中把握商机或企业发展方向。

2）到大公司打工，可以学习先进的技术和管理经验，认识一些行业内的人脉资源，客户资源等，为今后的创业打下良好的基础。

3）雇用精明能干的员工。能力强的员工可以有效地帮助创业者处理很多重要事务，减轻创业者的工作量，使企业的运营和管理规范化、专业化。值得注意的是，精明能干的同时要具备良好的职业道德和态度，否则，无异于在身边埋了一颗定时炸弹。

4）与商人交往、与行业协会高等院校的专家交往。商人之间可以互通商业信息，还可以进行商业资源的整合，甚至是形成新的商业项目；行业和协会的专家总是对业内的信息和资源了解得比较透彻，可以有效地帮助创业者了解自身的优势和劣势，以及今后发展的态势；高等院校的专家对行业的发展趋势以及新产品新技术的应用有前瞻性，可以有效地帮助创业者形成对未来企业发展前景的预测，对企业的发展战略作出正确地规划。

5）与政府人员交往。企业的生存和发展始终受政府相关部门的影响。创业者需要与政界相关人员保持联系，以获得相应的信息，对企业的经营和发展进行相应的调整。

6）投资学习，参加一些高等院校、培训公司、企业内部举办的各类专题学习，包括高院校的工商管理专业的学习。

7）听取他人意见。一个人的智慧和视角的有限性，限制了创业者的决策，影响企业的发展。创业者需要与一些业内人士、专业人士不断交流，吸取不同的意见和建议，完善信息和思路，以更好地做出决策和进行企业管理。

8）模仿成功者。大凡成功者都有一些共同的特质，创业者需要向不同的成功者学习并模仿。模仿加上有意识的训练是可以快速地学习并形成习惯。

9）多看专业的、企业管理、市场营销、财务管理等方面的书籍，通过搜索引擎查询以及浏览相关的网站，了解相关的资讯。

创业行动

创业素质分析见表 2-1。根据自身情况，填写表 2-1，并结合所学知识进行分析。

表 2-1 创业素质分析

序号	创业素质	主要内容	意愿强弱				
			强	较强	一般	弱	无
①	创业动机						
②	创业兴趣						
③	创业性格						
④	创业意志力						
⑤	专业技术知识						
	专业技术能力						
⑥	经营管理知识						
	经营管理能力						
⑦	健康状况						
⑧	创业资金						

我的创业素质中不足的有______________，我打算通过____等方式去弥补提高。

第二节 成功创业者访谈

创业航标

成功者说

对于看不清楚的路，先走两步，踩结实了，然后再跑，回头看看，没问题了，再撒开脚丫跑。走了两步，发现不对，赶快折回来，脚上沾了点泥水，没什么了不起，换双鞋寻找新路再往前走。

我会带着历史的比较去看事情。一个挨过饿的人和一个没有挨过饿的人，对一碗红烧肉的感情是迥然不同的。

——柳传志

成功者介绍

柳传志，中国著名企业家，投资家，北京计算机新技术发展公司（联想集团前身）创始人之一。他曾任联想集团有限公司董事局主席，总裁。

成功者的故事

选 择

柳传志走上创业之路，是因为“憋得不行”，“我们这个年龄的人，大学毕业正赶上‘文化大革命’，有精力不知道干什么好，想做什么都做不了，心里非常愤懑。”“突然来了个机会，特别想做事。科学院有些公司的总经理回首过去，总喜欢讲他们从前在科研上都多有成就，是领导硬让他们改行。我可不是，我是自己非改行不可。”

创业之前，柳传志在科学院计算所外部设备研究室做了 13 年磁记录电路的研究。柳传志不太愿意提那段经历，“虽然也连续得过好几个奖，但做完以后，却什么用都没有，一点价值都没有。只是到最后，1980 年，我们做了一个双密度磁带记录器，送到陕西省一个飞机试飞研究所，用了起来。我们心里特别高兴。但就在这时候，我们开始接触国外的东西，发现自己所做的东西，和国外差得太远。这使我坚决地想跳出来。”

思考：如果你是柳传志，你愿意从零开始创业吗？为什么？

不同的创业者，有不同的经历，不同的创业故事往往折射出该创业者具备的素质和条件。为了更好地了解创业者身上具备的特质，我们不妨走近身边成功的创业者，去了解他们曾经发生过、体验过的事情。

一、采访的方法

访谈法是采访过程中常用的一种方法，它是指通过访谈人和受访人面对面地交谈来了解受访人的心理和行为的心理学基本研究方法。访谈法运用范围很广，能够简单、叙述性地收集多方面的资料进行工作分析，因而深受人们的青睐。

二、采访的步骤

对于创业者的访谈，有以下几个步骤。

第一，确定访谈人员，进行联系，预约时间。访谈者要能够解释为什么想访问它，以及大概的时间。

第二，确定想问的问题和想了解的信息，一般为创业前的情况、创业过程以及企业今后的发展思路等内容。运用开放性问题（例如，你是如何开始创业的？遇到了什么困难？是怎样克服并解决的？）和封闭式问题（例如，你是哪一年开始创业的？目前的规模如何？你对合伙人有什么要求等）。

第三，罗列访谈提纲，即把想问的问题罗列下来。例如，您所受的教育是怎样的？这些经历对您后来的创业有帮助吗？您什么时候开始产生创业的想法？您如何找到商机？您的公司创办之初的资金是多少？您获得了别人对您哪方面的帮助？您认为您的企业优势和劣势是什么？您从成功和失败中学到了什么等。

第四，准备好访谈工具，如录音笔、笔和本子。这些工具可以帮助你更详细准确地记录访谈信息。

第五，根据预先约定的时间，按时到场；访谈中认真聆听，及时记录；访谈后询问是否可以提供一些相关的资料，然后表示感谢。

第六，整理访谈稿，从访谈中总结出最重要的发现和见解，包括分析该创业者已具备的创业素质和条件，以及由此推导出自己对创业的新认知。然后将采访稿寄回被采访人，请其过目并适当修改。最后将最终的成果寄送一份给被采访人，并表示再次感谢。

三、采访注意事项

在采访过程中，要注意几点：采访前的准备要充分，注意自身的形象，穿着得体；采访过程中，所提的问题要准确清楚，让被采访者一听就明白；注意引导，在交谈中发问，在发问中交谈；在被采访者回答过程中要做个有心的听众，并进行细致入微的观察；采访后需要的资料及时找相关人员，稿子写好后首先要自己审核，不能出现错别字。

四、对采访者的要求

采访者要热爱采访任务，重视每一次的采访活动。采访时要有好奇心，具备一定的观察力，提问时要围绕“他的故事在哪里”进行设计和开展。例如，毕业后他经历了哪些事情？他为什么做这些事情？哪些原因促使他做这些事情？事情的结果怎么样？他以后又怎么想、打算怎么做？ 采访后在整理稿子的过程中需要一定的写作能力。整个采访过程不能有偏见和成见。

拓展阅读 2-1

“80后”童装厂老板创业访谈

时间：2012年10月6日晚

被访者：某童装厂老板周茜

采访者：石磊

创业者基本情况：出生于20世纪80年代初的周茜毕业于温州大学，毕业后进入椒江电力公司宣传部门上班，在外人眼里电力公司是一个收入稳定、工资福利各方面也都不错的单位。正当很多同龄人仍在四处求职的时候，她却从电力公司里出来，当起了童装厂老板。

访谈过程：

石：请问您为什么从事业单位出来创业？

周：这么说吧，电力公司这份工作，就是一天到晚坐办公室，收入也稳定的那种，每天过着家、单位这样两点一线的生活，而我的大学专业学的是服装设计专业，毕业后进入电力公司，虽然工作稳定，但是这样枯燥的办公室生活明显不适合我，我曾经的梦想是当一名服装设计师，可是这份工作明显与之背道而驰，于是我不顾家人的反对从电力公司里辞了职。

石：是什么促使您有了创业的动机和行为？

周：当时选择这服装制造业，动机很单纯，只是喜欢服装设计，而且父亲也曾经是服装行业的从业者，在这方面有着比较多的经验和人脉，与其给人打工当设计师，还不如自己设计并生产衣服。

石：您认为只有具备了什么条件才能进行创业？

周：很多人觉得创业需要分析这个行业的未来发展或市场情况，而我并不这么认为，过于理性的创业是很难开展的，选择是否创业的关键在于你是否能热爱这份职业，热爱这份行业。即使这个行业是夕阳，由于你的热爱它也会焕发出最灿烂的光芒。有了这份热爱，你的初衷就不会偏离太远，可能会遭受经济的困顿，但你还是会走回来的，因为你从骨子里热爱它。

石：简单的一两句概括一下您能成功创业的关键是什么？

周：非成功人士不敢谈成功，如果非说不可的话，就是您热爱你所从事的这个行业你就去创业，不要为了创业而创业。

石：公司在创业之初遇到的最大困难和障碍是什么？

周：最大的困难可能就是当时的场地问题，当时在城区找一个比较大的房子而且能放下几台缝纫机和熨烫设备的房子根本没有，我和丈夫在城区里找不到，最后在朋友的介绍下找到葭芷这片都是服装制造的街道，那边有很多一幢幢的农居房，场地宽敞而且租金也比较实惠。阻碍可能就是当时加工的服装比较多，楼上楼下搬来搬去非常费时费力。

石：公司在经营过程中遇到了什么样的阻碍或瓶颈？您是怎样解决的？

周：主要是产品销售问题。我们公司销售途径有两种，一种是针对市场的批发商，这是传统的途径，另外一种是电子商务，现在我们童装的主要销售渠道是电子商务。而现在网上开店的人不少，但是能赚到钱的却是少数。我觉得在网上开店遇到了一些困难和需要克服的几个瓶颈如下。

第一，信任危机。就像我前面说的，对工作不尽心，服务态度不周到，顾客就会给你“差评”，而且网店注册和经营都不难，不少人刚做时不尽心尽力，随心所欲，使网上假货过多，造成不少人对网上购物裹足不前。

第二，利润过薄。现在网上的东西很便宜，买过的人都认可。网上开店的太多了，大家比的一是信用，二就是价格。买家在网上比较商品的价格高低非常容易，比如你要买一本书，上网一查，哪家店卖多少钱一目了然，你当然选择信用好又便宜的那个。在网上卖出一样商品的利润是相当薄的，只比出厂价高一点点，所以一家网络店铺想要生意好，还必须有庞大的客源。

第三，网上开店一定要仔细。网络买家最头疼的就是怕买到的东西和实物不符，这就是为什么有些人宁愿去昂贵的商店也不敢去网上购物的原因了。有的店主拍照片的产品和售出的不一样或者拍摄水平差，那顾客看到的产品与拿到的有差别，当然有怨言了。所以说，质量好，也要保证细节到位。

第四，找准特点很关键。别看开网店成本低，但必要的准备工作可不少，首先你得选好货源，说得通俗点就是卖什么。

石：谢谢您给我们讲了这么多的开网店要注意的问题，真是受益匪浅，那您以后有什么打算，会一直把网店服装生意做下去吗？

周：恩，会的，我会一直做下去的，相对来说开网店还是比较轻松的，但是我也准备开一个现实的服装店，经过这几年的努力，资金已经不成问题了，现实与网络同行吧！

石：恩，愿您的生意越做越大，听了您的创业历程，我们很有感触，最后您能不能就您的经验给正在创业或正打算创业的人一些忠告和鼓励呢？

周：创业不是一条轻松的路，眼光、胆识、资本、个人能力、经营策略以及你所处的环境、人文、市场，每一点都决定着你的成败。其实在这个世界，没有说哪个项目他就做到最好了，只要用你的头脑，无论做什么都有非常大的发展空间。总之，最关键的还是有一双明锐的眼光。没有方向的船是永远靠不了岸的，没有目标再怎么努力也是一事无成。作为一个创业者，你同时也是一个决策者，你不可以让任何人的言论左右你的目标，唯一可参考的就是达到这个目标的一个最有效最快捷的行动过程。修身、齐家、治国、平天下，路是一步步走的，没有一步登天的，我只送你们两个字：坚持！

石：感谢您今天能与我分享您的创业历程，谢谢！

创业行动

寻找身边的成功创业者（不论企业的规模大小），预约并进行访谈，然后整理成访谈稿。访谈提纲如下。

访谈者________ 访谈时间________ 地点________________________

访谈对象________

访谈对象简介____

访谈内容：

1）你创业前的人生经历是怎样的？

2）你在什么样的情况下想到了创业？

3）你的创业的项目是什么？你当时是怎么分析它的前景的？说说你的创业经历。

4）你认为只有具备了什么条件才能进行创业？

5）实际创业与自己的创业初衷最大的区别在哪？

6）最想告诉后来者的创业经验和教训是什么？

7）说说个人的性格品性对企业文化产生的影响？

8）企业在创业之初遇到的最大困难和障碍是什么？你怎样解决创业过程中面临的障碍和瓶颈？

9）公司在发展过程中遇到过的印象最深的事情是什么？

10）你认为公司的发展需要政府和社会做些什么？

11）你认为企业怎样才能由小变大、由弱变强？

12）你的企业未来三年发展目标和发展前景是什么？

13）你对初次创业者和想创业者提出哪些建议？

14）你对在校学生提出哪些建议？

（可以根据自己的思路设计访谈问题）

第三章

创业项目的选择

第一节　创业项目来源

创业航标

成功者说

一个做鞋的人，为别人负责是做不好的，为自己负责就能做好。当他“为别人负责”的时候，他的服务对象是泛指的、不特定的、模糊的，由于他的服务对象的模糊性，他在工作中的动机就不是强烈的，感情就不是具体的，思维就不是深刻的，责任意识就是松懈的。当他“为自己负责”的时候，他的服务对象就是活生生的自己。做不好就没人买，砸了牌子就卖不上好价钱，丢了工作就无以养活一家老小——这时候，他的动机足够强烈，他的智慧强力发挥，他的责任意识是紧绷的。所以，首先“为自己负责”，然后才能“为别人负责”。

——牛根生

成功者介绍

牛根生，内蒙古人，蒙牛乳业集团的创始人，老牛基金会创始人、名誉会长，“全球捐股第一人”。1999 年离开伊利，创立蒙牛集团。后用短短 8 年时间，使蒙牛成为全球液态奶冠军、中国乳业总冠军。蒙牛集团被全世界视作中国企业顽强崛起的标杆，蒙牛产业链上联系着百万奶农、千万股民、数亿消费者，被誉为“西部大开发”战略实施以来“中国最大的造饭碗企业”，并被评为首届中国企业社会责任调查最具社会责任感的企业。2002 年荣获中国十大创业风云人物称号。

成功者的故事

大 起 大 落

1978 年，牛根生作为一名洗瓶子的工人进入了伊利的前身——呼和浩特市回民奶食品总厂。15 年时间做到伊利乳业集团的经营副总裁。洗瓶工—副总裁—“流放者”，他在伊利的经历既有“从士兵到将军”的辉煌，也是“大起大落”的失意。

牛根生有两句经典的话。一句话说给失意者：“别人从零起步，而我是从负数起步。”

一句话说给得意者："小胜凭智，大胜靠德。"

1998年，40岁的牛根生从伊利副总裁的位置上下来后，经历了中年求职的尴尬。

思考再三，牛根生决定重操旧业，兴办乳品企业。经过努力，到2007年，蒙牛销售额为213.18亿元，超过伊利的销售额193.6亿元，取代伊利成为了乳业老大。在中国乳制品企业中的排名由第1116位上升为第1位，平均两天超越一个乳品企业的营销奇迹！"蒙牛速度"，成为中国企业的一面旗帜。

思考：你认为牛根生从洗瓶工做到副总裁的主要原因是什么？牛根生创办的蒙牛在短时间内迅速崛起成为中国乳业老大，你认为是什么原因？

要了解创业项目，先了解一下我国目前的经济活动类型划分情况。

一、关于产业划分

国家统计局2003年制定的《三次产业划分规定》规定第一产业包括农、林、牧、渔业以及农、林、牧、渔服务业；第二产业包括采矿业、制造业、电力、燃气及水的生产和供应业、建筑业；第三产业包括交通运输、仓储和邮政业，信息传输、计算机服务和软件业，批发和零售业，住宿和餐饮业，金融业，房地产业，租赁和商务服务业，科学研究、技术服务和地质勘查业，水利、环境和公共设施管理业，居民服务和其他服务业，教育，卫生、社会保障和社会福利业，文化、体育和娱乐业，公共管理和社会组织，国际组织。

在三大产业中，第二产业比例最大，第三产业其次，第一产业比例最小。其中随着社会的发展，第一产业比例继续降低，第二产业比例略降低，而第三产业的比例将大量增加。中国产业结构变化（图3-1）反映了当前以及未来，第三产业的经济活动对新进入的创业者更有吸引力。

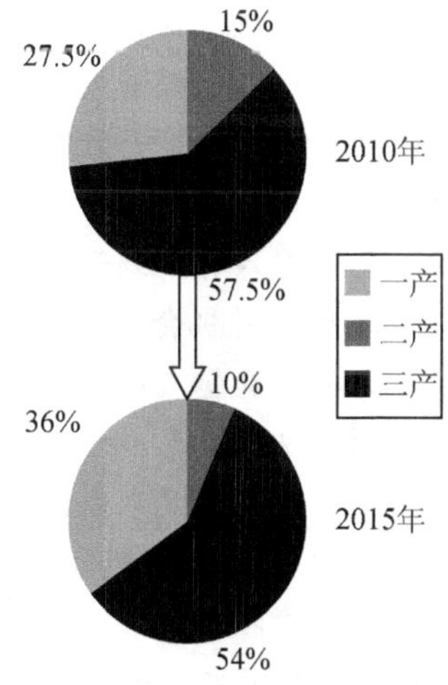

图3-1 中国产业结构变化

二、创业项目的来源

三大产业中，都有适合微小企业的创业项目，但是为了方便理解，我们进行整理重新分类，三大产业可以被整合为贸易、服务、制造和农林牧渔类四大类。我们要结合自己的实际情况，如所学的专业、兴趣爱好、熟悉的领域、市场前景等进行创业项目的选择，相对会比较容易成功。下面我们就具体谈一谈。

一般情况下，我们要选择的创业项目应该是有市场、有潜力、能够满足顾客需求、能够为客户创造价值或增加价值，同时为自己带来利润的可持续经营的商业机会。那么这种机会应怎样选择呢？

第一，进行初步排查，以下的问题可供排查参考。

1）我对哪个行业感兴趣？喜欢或擅长于哪类产品和服务？

2）亲戚和朋友们正在做，或者认为不错、比较容易做的产品或服务有哪些？

3）其他区域有，而我们所处的地区没有的产品和服务有哪些？

4）有人想要的但是我们所在地区不能提供的产品和服务有哪些？

5）市场上需要改进、或者需要提升质量的产品和服务有哪些？

6）随着社会的发展，将要出现的产品或服务有哪些（例如智能化、体验式的产品和服务）？

7）随着技术的发展，可能会出现的新产品和服务？例如，移动互联网的广泛引用，改变传统的商业模式；微信平台的搭建，不单成为社交平台，而且还是商家可以利用的销售推广平台。随之产生的微商城和微营销之类的网络技术服务公司以及策划服务公司。

以上的问题通过罗列、思考和排查，将会对你构思创业项目有帮助。

拓展阅读 3-1

李彦宏在浙江大学“技术让梦想更伟大”面对面活动中的谈话（节选）

主持人：所以说您还是做了一个比较详细的市场评估，您觉得市场需要您做这个，并且追逐自己的梦想，想回国完成自己的事业，所以毅然决定了。

李彦宏：没错，我想回国是在美国工作两三年之后就想了。那个时候也看到周围有一些中国人回国，他们回国主要做什么？被跨国公司雇回了中国。如果你拿美国的工资在中国生活会非常舒服。但是我看到在中国已经有发展的公司，我觉得都不属于我，比如化工，相对比较传统、成熟一些的产业公司，而且回来大部分是转行做销售的。销售不是我擅长的，那些专业我也做不了，所以那个时候没有我的机会。所以 1999 年以后，中国互联网还是处在早期的阶段，全中国只有不到一千万人会上网，但是我看到这种爆发的趋势非常明显，所以我看到了属于我的机会。

主持人：我在查资料的时候，有人评价您在技术人员里面非常有商业的嗅觉，您不仅是技术一流，而且有非常敏锐的商业头脑。

李彦宏：其实我倒没有从商业头脑这个角度来看问题，因为我本质上在美国学计算机，后来进入工业界，做的都是一些比较实际的东西。我们一开始的头衔都是工程师，工程师有一个特点是什么？讲究实用，你做出来的东西一定能够用，让人家觉得这个东西能用，所以我做的很多决策，其实最最根本的出发点就是我做出来的东西让人家能够用。我在美国也做搜索引擎，我做的搜索引擎也是当时用户量非常大的，到哪儿人家都跟你握手对你说“我就是用的你的搜索引擎”，到中国做百度也是同样的道理，不是说由于我学过 MBA、学过管理、经济学，这些专业的东西我一样都没有学过，我只懂一个简单的道理，我做的东西不能就躺在实验室里，不能就发几篇论文，我做的东西一定要让人用，你要去考虑外面的市场到底需要什么东西，市场需要的，才是你应该去做的。

我记得上大学之前就学过一句话，是列宁讲的“一旦社会有了需求，就比十所大学的推动力更强大”，所以说需求会推着你做创新。我做的所有这些决策都是因为我想让这个东西被别人所用，我就要去琢磨是在技术上改进，还是在市场商业方面做一些什么工作，我是从这样的一个角度来看这个问题的。

第二，我们要分析我们所处社会的大环境，比如说政府政策的变化所赐予创业者的商业机会。中国的市场是一个受政策影响很大的市场，每当一个新的政策出台，就会造就一个新的商机。如果我们能够把握商机，就可以站在潮头，挖掘第一桶金。所以我们要密切关注国家和政策的导向，国家政策鼓励哪类行业，这类行业就是可以作为我们选择创业项目的参考依据，如文化产业。

知识链接 3-1

党的十八大报告（节选）

增强文化整体实力和竞争力。文化实力和竞争力是国家富强、民族振兴的重要标志。要坚持把社会效益放在首位、社会效益和经济效益相统一，推动文化事业全面繁荣、文化产业快速发展。发展哲学社会科学、新闻出版、广播影视、文学艺术事业。加强重大公共文化工程和文化项目建设，完善公共文化服务体系，提高服务效能。促进文化和科技融合，发展新型文化业态，提高文化产业规模化、集约化、专业化水平。构建和发展现代传播体系，提高传播能力。增强国有公益性文化单位活力，完善经营性文化单位法人治理结构，繁荣文化市场。扩大文化领域对外开放，积极吸收借鉴国外优秀文化成果。

思考：看到十八大报告中的这部分观点，你想到什么了？

第三，随着社会的发展，社会、经济和人口的变化将会带来新的商业机会。例如，中国老年人口数量不断增加，为老年人服务的一些产品和服务推陈出新，保健品、理疗器械、养生食品、家政服务、康复中心等，这些项目市场容量大，是值得选择的创业项目。随着“非常 6+1 消费模式”情况的出现，与孕妇、婴幼儿有关的产品与服务也是理想的创业项目，如食品、服装、玩具、早教、智力开发类等产品和服务。

知识链接 3-2

母 婴 行 业

犹太人有句名言：女人和孩子的钱最好赚。其实女人在怀孕或育童期间的钱最容易赚。为什么呢？ 因为新一代的妈妈多是中国第一代独生子女的“80 后”，这一独特的消费群体决定了“非常 6+1”的消费模式，即“1+6”的晕轮效应。一个家庭三代六个人的消费重心完全集中在这个第三代婴儿身上，不管一个家庭是否富有，但家庭三代的购买力集中供给的第三代一定是“富三代”！

所以我们看到了一个每年超过 1200 亿元的庞大的母婴市场，并以每年 20%的速度递增，母婴行业成为了 21 世纪的最给力行业。怀孕期妈妈的购买决策由自己决定，孩子出生后妈妈更是责无旁贷，母婴市场的巨大商业前景用“市上只有妈妈好”来形容再贴切不过。

思考：根据以上的材料分析，如果你做婴幼儿市场，你会从哪些产品和服务出发入手？

第四，随着经济收入的增加和人们健康意识的提高，人们越来越关注健康产业。保健品、营养品、养生馆、养生餐厅、绿色食品、健身俱乐部、汗蒸馆、足疗馆、推拿针灸、旅游等健康领域的商业机会都是可以选择的。

第五，消费者的需求变化会随着社会的发展、产业结构的调整、市场结构的变化而变化。例如，葡萄酒从一个高端小范围的消费群体到目前的大众化消费群体，众多葡萄酒的代理商、终端销售商不断涌现；普洱茶文化的不断推广带动了普洱茶的消费，出现了很多茶室、茶馆，带动了茶、茶具的生产和销售。

第六，市场上的商品供过于求，人们在选择商品的同时越来越追求个性化和独特性，表现最突出的是青少年消费群体。这些年轻的消费者求新求变、标榜另类、追求个性化的心理，导致了他们喜欢光顾一些时尚的、与众不同的店铺去消费和接受服务。只要你的产品或服务与众不同，就是你的商机。

第七，人们收入的提高，还带动了古玩市场、珠宝行业和饰品行业的发展。人们不仅是玩、佩戴，还能借此使产品增值，是一个比较好的投资项目。

第八，随着网络技术和移动互联网技术的发展，QQ、微信平台的出现，商家看中了庞大的网络用户，在网络上推广销售产品和服务，电子商务发展迅速。目前电子商务模式有B2C（Business to Consumer）、B2B（Business to Business）、C2B（Consumer to Business）、C2C（Consumer to Consumer）、B2G（Business to Government）、BMC（Business Medium Consumer）、ABC（Agents Business Consumer）等7种经营模式。

知识链接 3-3

移动电子商务的业务模式

移动电子商务，不仅提供电子购物环境，还提供一种全新的销售和信息发布渠道。从信息流向的角度，移动电子商务提供的业务可分为以下3个方面：

1）“推（Push）”业务模式：主要用于公共信息发布。应用领域包括时事新闻、天气预报、股票行情、彩票中奖公布、交通路况信息、招聘信息和广告等。

2）“拉（Pull）”业务模式：主要用于信息的个人定制接收。应用领域包括服务账单、电话号码、旅游信息、航班信息、影院节目安排、列车时刻表、行业产品信息等。

3）“交互式（Interactive）”业务模式：包括移动购物、博彩、交互游戏、证券交易、在线竞拍等。

当然，基于工作生活中存在的一些问题，自己的兴趣爱好是非常不错的选择方式，还有不同的区域有不同的经济特点，已形成各具特色的产业集群。如果你的创业项目与当地的产业集群相匹配，也会有助于借势，有利于创业的成功。例如，椒江区的缝纫行业发达，进入特种缝纫机市场，或者为缝纫整机配套的零部件产品的代加工企业是可以考虑的创业项目。

总之，项目的选择要结合创业者以及创业者所处区域的实际情况有针对性地进行。

知识链接 3-4

如何筹划创业项目

1）选择一个大方向。创业有很多方向，电子商务、游戏、社交、O2O等。通过不断地学习，关注创投信息，科技博客等，同时融入创业圈子和别人交流，结合自己的工作经验选择一个自己感兴趣的大方向。一旦选定了就不要轻易更改，因为隔行如隔山，任何行业都有潜规则，需要交学费的，需要时间。如果不断地换大行业，很可能时间也浪费了，但是样样懂一点样样又不精。创业就是要做别人做不了的事情，点子不重要，成为一个领域的专家才是最重要的。怎么成为专家，时间积累和错误教训很必要。例如，好的方向：互联网金融、农业电子商务、软硬结合、大数据、健康和医疗、清洁能源、新农业、细分 O2O 等；陷阱的方向：泛 O2O 大平台、移动互联网、社交平台、3D 打印机等。“陷阱”就是被炒作得很热、很宏观、很美好，实际根本不具备可操作性，或者成本极其高昂，或者关键技术没有突破，不是草根应该做的事情。

2）三个考虑点。

一是新技术产生带来的新市场（注意是新技术，不是技术升级，技术升级往往时间窗口很短，而且都是既有大佬的自耕田，不要轻易去动）。例如，互联网革命。

二是国家政策放宽带来的市场。例如，允许商品交易带来房产市场，预估一下，土地确权将造就一个新的地主阶级，同时也会带来新的市场。

三是收入提高带来的消费升级。例如，县城的肯德基、麦当劳跟菜市场一样，比城市生意好多了。如果在小县城加盟必胜客之类，生意差不了。把一二线城市的消费形态往县市级城市迁移会是个大趋势。当然最重要的还是要根据自身的条件和兴趣，任何你能想到的事情都会有很多人做，怎么做得比别人好，需要自己考虑。

创业行动

创业中项目选择很重要，一个优秀的创业项目，可以获得可观的经济利益；一个普通的创业项目，在激烈的市场竞争中，将举步维艰。好的创业项目就等于一个好的开始，好项目不仅能够满足某类特定消费群体的需求，而且可能是别人没有的、先人发现的、与人不同的或者强人之处的项目。

你认为身边哪些项目有市场，你愿意做哪个项目，可以先和同学、家人、朋友聊聊，并写出来。

第二节　创业项目评估

成功者说

我们觉得，饮料行业前途非常大，自己又非常熟悉这个行业。与其投入到其他上去，不如牢牢占领好这个行业，毕竟“做生不如做熟”。

我想大概没有一家销售近七百亿的企业，25 年能围绕着主业不动摇。但我们就这样坚持下来了。现在看看，“心无旁骛”也算是一种本事。

——宗庆后

成功者介绍

宗庆后，浙江杭州人，高级经济师，浙江大学 MBA 特聘导师，娃哈哈集团创始人，1991 年至今担任杭州娃哈哈集团有限公司董事长兼总经理。2010 年 9 月，宗庆后以财富 800 亿元成为 2010 年中国首富，这是中国第一次有“饮料大王”成为全国首富。他曾先后获得“中国改革风云人物”、“中国大陆慈善家”、“全国优秀经营管理者”和“五一”劳动奖章等荣誉。

成功者的故事

成功没有捷径

1978 年，改革开放拉开了精彩的第一幕，中华大地上一个又一个的奇迹开始被创造。这时，宗庆后并没有像大多数追逐潮流的人一样，下海、承包，赶商海的第一波，而是因为顶职的关系，仅仅获得了回城的资格。

刚刚从下乡劳动的农场回到阔别了 15 年的杭州，宗庆后因为没有文化，没有关系，只能在校办厂当业务员，推销文具、棒冰，这一干就是 8 年。那时学生用品很廉价，2 分钱一块的橡皮，6 分钱一本的作业簿，每件只几厘钱的获利，但宗庆后不在乎这些，只要学校需要，随时都给送。仅仅凭着这点，上城区不少小学的总务主任认定，这个经销部会发！

1987 年，42 岁的宗庆后接到了上城区教育局的一纸任命书，正式被任命为校办经营部的经理，正是这小小的一张纸，成为了他事业的转折点。那一年，他带领 2 名退休教师，举债 14 万元，代销棒冰、汽水、文具，开始一分一厘的创业起家。当时这个校办经销部论规模，根本就达不到现在娃哈哈最底层批发部的规模。可正是凭着勤奋务实的干劲，人家代销部一年赚两三千，而宗庆后第一年就赚 10 万，第二年就达到了 100 万……

在娃哈哈 20 多年的发展过程中，宗庆后从来没有离开过一线市场。他每年有一半的时间在全国各地和飞机上，下了飞机，直奔市场，走街串巷。从大的经销商，到下面各个级别的分销商，甚至到各个小卖部，不放过任何一个环节。作为一个成功的企业经营者，宗庆后处处关注细节，这也许是宗庆后勃发的最直接原因，但纵观这么多年的娃哈哈成长史，我们可以清晰地看到他决断的作风品格。

思考：从宗庆后的创业故事中，你学到了什么？

当你选择了创业项目后，你要评估一下创业项目的可行性以及风险，因为创业项目的好坏直接或间接地影响到创业后企业的发展情况。一般情况下，我们可以用 SWOT 分析方法来进行创业项目可行性强弱的甄别。

什么是 SWOT 分析方法呢？SWOT 分析方法是一种企业内部分析方法，它是根据企业自身的既定内外在条件进行分析，找出企业的优势、劣势、机会、威胁，分析企业核心竞争力所在的方法。其中，优势的英文是 Strength，故用 S 代表；弱势的英文是 Weakness，用 W 代表；机会的英文是 Opportunity，用 O 代表；威胁的英文是 Threat，用 T 代表。S、W 是内部因素，O、T 是外部因素。

S——优势是指你想创办企业的优势。例如，产品款式好、质量好；提供的服务独一无二；技术水平很高；商店的位置交通便利、人流量多；产品品牌知名度高、信誉好；人脉资源丰富；资金实力雄厚；团队成员能力强干劲高；产品更新快；管理能力强；有较多的客户；能够充分利用移动互联网的优势进行线上推广和线下消费的互动等。

W——劣势是指你打算开办的企业的弱势。例如，设备陈旧、产品质量不好、经营成本高；没有资金、服务质量差、品牌知名度低；团队成员意见不一致、竞争者多、竞争激烈；产品性价比低、产品不适合消费者需求；没有销售经验、销售方式传统；人员管理松懈、工作效率低下等。

O——机会是指周边地区存在的对企业有利的事情。例如，产品的独特性，在现有市场上没有同类产品，区域内没有竞争对手；产品的质量好；服务品质受到消费者的认可；品牌形象好；独特的企业文化和先进的管理模式；新的商业模式和新的盈利方式等。

T——威胁是指周边地区存在的对企业不利的事情。例如，区域内有较多的竞争对手，提供的产品和服务雷同，大家为了吸引更多的客户，在不断地低价倾销产品；原材料价格上涨，员工成本上升，导致生产运营成本增加；产品销售价格上浮困难，导致利润降低；产品更新快，新产品的出现导致消费者的流失；人们的消费理念发生变化，不知道你的产品还能存在多久；是否有新产品推出等。

SWOT 分析的结果是如果项目合适，可行性强，那么就继续往下做；如果项目不够理想，风险大，那么就要进一步去修改完善；如果项目不合适，那么就应该舍弃，重新选择。

目前，SWOT 分析方法被广泛运用于工作、生活的各个方面。

知识链接 3-5

"花草茶"创业项目的 SWOT 分析

"花草茶"创业项目，主要从事花草茶的出售、配送服务，提供喜爱花草茶人们交流的场所，兼做健康饮食咨询。

目前市场上的竞争对手主要有 3 个：①超市、大商场里的袋（盒）花草茶；②专卖店；③贩卖花草茶的小摊贩。与竞争对手相比，本企业的优势、劣势见表 3-1。

表 3-1 "花草茶"企业的优势、劣势

项目	优 势	劣 势
竞争者	① 大卖场里的花草茶专柜实力强，开业时间久，进货渠道稳定，价格实惠，能够吸引消费者，有较稳定的顾客； ② 超市定期的会有一些比较稳定的消费群体购买，信用度高，顾客回头率也高，借助大超市、商场的人气，人流量多； ③ 专卖店有一定的知名度，产品包装精美，品牌连锁，声誉较好； ④ 小摊贩提供的产品价格便宜，流动销售，面对较多的人群	① 超市的袋盒装的产品品种单一，不能够满足消费者的需求，对市场反馈不及时； ② 专卖店客户服务方面单一，缺少个性化，价格高，服务方面不专业； ③ 小摊贩提供的产品质量较差，没有精美包装，不专业，产品不够多
本企业	① 对顾客服务细心、到位、采取个性化销售； ② 多元化销售方式（如体验式营销、会员制、个性化营销），比较方便，电话订购，送货上门； ③ 品种齐全，专业性强； ④ 环境温馨，提供交友平台，是集购物、交友、销售为一体的良好场所； ⑤ 产品以中低端为主，兼有高端礼品盒的产品，价格实惠 ⑥ 为积累信用度，吸引人气，不定期的打折促销； ⑦ 科学地将各种花草茶按其功效进行科学搭配，使花草茶的功效更好地发挥出来，比单一的花草茶效果更好。产品丰富多样，我们可以根据季节、气候的不同，以及个人体质的不同，搭配不同功效的花茶	① 经验不足，有待逐步提高； ② 进货渠道由于销售量不够大，进货成本可能会偏高； ③ 竞争将会越来越大，存在市场风险； ④ 还有很多消费者不清楚花草茶，需要不断引导并培育市场

企业机会：根据行业数据显示，饮用纯天然花草植物的消费需求在全国各主要大城市呈上升趋势。据统计，花草茶在京市场已占茶叶市场总份额的25%，年产值正以10%的比例不断增长。在纯天然的饮食理念和市场强力推广下，花草茶以其艳丽的色彩，独特的功效以及不含咖啡因、丹宁物质的天然、清新、保健特性，在丰富茶叶市场的同时，正渐渐流行于白领丽人的办公桌。在纯天然的饮食理念和市场强力推广下，以时尚女性为主要消费受众群的花草茶市场前景被看好，是值得进入一个市场。

企业威胁：消费者的喜好会发生变化，各式茶、咖啡、饮料、花草茶等市场此消彼长，消费既是趋势，也有变数；当花草茶市场火热时，潜在竞争者将大量进入，对企业的生存和发展产生威胁。

知识链接 3-6

海尔集团的SWOT分析见表3-2。

表 3-2　海尔集团的 SWOT 分析

<table>
<tr><td>企业概述</td><td colspan="3">海尔创立于 1984 年，经过 28 年创业创新，从一家资不抵债、濒临倒闭的集体小厂发展成为全球家电第一品牌。旗下拥有 240 多家法人单位，在全球 30 多个国家建立本土化的设计中心、制造基地和贸易公司，全球员工总数超过五万人，重点发展科技、工业、贸易、金融四大支柱产业。2012 年，海尔全球营业额 1631 亿元，利润 90 亿元，利润增幅是收入增幅的 2.5 倍</td></tr>
<tr><td>优势</td><td>① 产品技术先进，有 9 种产品在中国市场位居行业之首，3 种产品在世界市场占有率居行业前三位，在智能家居集成、网络家电、数字化、大规模集成电路、新材料等技术领域处于世界领先水平；
② 管理科学规范，多年规范化管理使企业运营有序、实力强大；
③ 企业文化的长期熏陶，员工素质的相对较高；
④ 信息化融入企业云因，生产效率、工作效率高</td><td>① 海尔的企业文化强势，是企业的核心竞争力，是未来发展的基石，如海尔的文化观——有生于无，海尔的人才观——人人是人才、赛马不相马，海尔的服务观——企业生存的土壤是用户等；
② 海尔注重科技创新、实现企业信息化；
③ 海尔未来的发展方向主要依靠三个转移。一是内部组织结构的转移；二是国内市场转向国际市场，不仅产品出口，还要海外建厂、办公司；三是要从制造业转向服务业，做到前端设计，后端服务</td><td>机会</td></tr>
<tr><td>劣势</td><td>① 海尔在传播和公关技巧方面十分欠缺，这将使中国未来的收购企业十分困难。海尔公关方面欠缺很大，一部分原因在于海尔在聘任机制上存在一定的问题，只注重对技术、知识的考察，忽略了对个人能力的考察；
② 外部的信息化，尤其是与国内供应商、分销商的电子数据交换，却一直处于两难境地，采购和分销成本的降低仍然难以彻底实现</td><td>① 伴随着家电企业的不断兴起，技术的不断完善，竞争日益激烈；
② 同行们加紧自身内部信息化的推进，外部信息化建设也在不断地成长，而海尔外部信息化的停滞不前，可以预见，一旦外部信息化的时机成熟，从技术角度上讲，谁也不会比谁慢多少</td><td>威胁</td></tr>
<tr><td>总结</td><td colspan="3">任何一个企业在发展过程中总会面临着这样或者那样的问题。海尔必须不断地提高科学技术创新水平，进而提高自己的优势。此外还应该向多产业方向发展，以提高自己的竞争力。面对新的全球化竞争条件，海尔确立全球化品牌战略、启动“创造资源、美誉全球”的企业精神和“人单合一、速决速胜”的工作作风，挑战自我、挑战明天，为创出中国人自己的世界名牌而持续创新</td></tr>
</table>

创业项目的选择最终要由创业者自己决定的。除了以上所讲到的选择创业项目思路和对创业项目进行评估的方法以外，创业者还可以广泛听取专家、成功企业家的建议，结合自己的调查研究使自己的决策更切实可行。

创业行动

和你的家人、亲戚、朋友、同学聊聊，填一填：

1）你所在的区域为________。

2）你要从事的工作或创业，选择________，原因是__________________________。

3）对你选择的工作或创业项目进行分析：

A．优势：____

____

B．劣势：____

____

C．机会：____

____

D．威胁：____

第四章

市场调研与分析

第一节　市场调研

成功者说

作为我们曾经失败过，至少有过失败经历的人，应该经常从里面学点东西。人在成功的时候是学不到东西的，人在顺境的时候，在成功的时候，沉不下心来，总结的东西自然是很虚的东西。只有失败的时候，总结的教训才是深刻的，才是真的。做全国性市场，一定要先做一个试销市场，要一点点来，快不得；做成了，真到做全国市场时，要快半步，慢不得！

——史玉柱

成功者介绍

史玉柱，安徽怀远县人。1989 年深圳大学研究生毕业，随即下海创业。他在深圳研究开发了 M-6401 桌面中文电脑软件。1991 年创立巨人高科技集团，注册资金 1.19 亿元，并频频受到半数以上中央政治局委员以上级别中央领导的造访。1995 年被列为《福布斯》中国大陆富豪第 8 位，是当年唯一靠高科技起家的企业家。他也曾一夜之间负债 2.5 亿，后东山再起，再次创业成为一个保健巨鳄、网游新锐，身家数百亿的企业家。

成功者的故事

东山再起

史玉柱的第一次创业是成立巨人公司，业绩曾经一度走向辉煌，史玉柱被《福布斯》列为大陆富豪第 8 位。但是在 1996 年由于兴建的巨人大厦资金告急，史玉柱决定将保健品方面的全部资金调往巨人大厦。保健品业务因资金“抽血”过量，再加上管理不善，迅速盛极而衰。巨人集团危机四伏。脑黄金的销售额达到 5.6 亿元，但烂账有 3 亿多……

幸运的是，受到重创的史玉柱，除了缺钱外，似乎什么都不缺，公司 20 多人的管理团队，在最困难的时候依然不离不弃，没有一个人离开，而且史玉柱手上已经有两个项目可供选择，一是保健品脑白金，二是他赖以起家的软件。1998 年，山穷水尽的史玉柱找朋友借了50万元，开始运作脑白金。

手中只有区区50万元，已容不得史玉柱再像以往那样高举高打，大鸣大放。最终，他把江阴作为东山再起的根据地。启动江阴市场之前，史玉柱首先做了一次“江阴调查”。他戴着墨镜走村串镇，挨家挨户寻访。由于白天年轻人都出去工作了，在家的都是老年人，半天见不到一个人。史玉柱一去，他们特别高兴，史玉柱就搬个板凳坐在院子里和他们聊天，在聊天中进行第一手的调查。

“你吃过保健品吗？”“如果可以改善睡眠，你需要吗？”“可以调理肠道、通便，对你有用吗？”“可以增强精力呢？”“价格怎样？你愿不愿使用它？”

通常，这些老人都会告诉史玉柱：“你说的这种产品我想吃，但我舍不得买。我等着我儿子买呐！”

史玉柱接着问：“那你吃完保健品后一般怎么让你儿子买呢？”答案是他们往往不好意思直接告诉儿子，而是把空空如也的盒子放在显眼的地方进行暗示。

史玉柱敏感地意识到其中大有名堂。他因势利导，后来推出了家喻户晓的广告——“今年过节不收礼，收礼只收脑白金”。

脑白金成为了保健品市场上的常青树，畅销多年。

思考：史玉柱的创业经历给你什么启示？

当你有了自己的创业构思之后，那就要学习市场营销方面的知识。因为市场瞬息万变、竞争激烈，要在市场中求生存、求发展，就必须正确掌握市场实际情况；避免决策失误和规避风险，就必须广泛收集市场信息、进行市场调研，为企业的经营管理提供科学依据。

一、市场调研的含义

市场调研是为了实现一定的营销目标而通过一定的方法，对一系列资料进行收集、筛选、分类和分析来了解、研究市场，并以此供企业做出经营决策。

市场调研有两条腿，一条腿是市场调查，另一条腿是市场预测。市场预测以市场调查为基础，市场调查以市场预测为方向。市场调查的对象是市场的过去和现状，市场预测的对象是市场的未来和趋势；市场调查的目的是全面准确掌握市场信息，市场预测的目的在于分析市场信息；市场调查的方法是取得资料的方法，市场预测的方法是根据已有资料作出科学推断和估计的方法。

二、市场调研的内容

初创企业市场调研的内容首先主要放在了解目标客户和竞争者方面。因为顾客是企业的根本，是企业利润的来源。如果企业不能够提供顾客所需要的产品和服务，那么将不会有客户来买单，企业就会因不盈利而无法生存；让客户满意并不断买单，意味着提升企业的销售量和利润，企业就有了发展的能力和空间。竞争者提供与你相同或相似的产品和服务，竞争者的多少、竞争者的实力将影响到你的市场销售份额。

了解客户包括客户是哪一个年龄阶层的人？他们的经济能力如何？他们的职业是什么？他们的消费有什么特点？他们的家庭状况怎样？他们想要什么产品和服务？希望产品和服务满足他们什么需求？他们愿意花多少钱购买？他们喜欢在哪里购买？他

们多少时间购买一次以及在什么情况下购买等。

了解竞争者包括竞争者在同一个区域里有多少？他们的经营状况怎么样？他们提供的产品和服务的种类如何？质量如何？价格如何？是否比较方便地销售给客户？提供什么样的服务？是否做广告宣传等。了解竞争者的目的是通过分析对方的优点和缺点，结合自己企业的实际情况，学习优点、规避或改正缺点，以使自己的企业发展得更好。

知识链接 4-1

“康师傅”的“用心”产品策略

1992 年中国食品市场上，“康师傅”方便面一炮打响，迅速红遍大江南北，“康师傅”成为中国知名品牌，但是没有多少人知道顶新集团，其实“康师傅”是顶新的一笔力作。

从 1992 年到现在，我们看到的是“康师傅”的逐步壮大，无论是在顶新的网页还是在高层论坛中，“用心”一词使用频率最高，如用心经营、用心维系等。在推出新产品前，他们边做边学；为了把握市场，做了周密的市场调查；为了了解内地消费者与台湾消费者的不同口味和偏好，他们请了上万人试吃，不断改进配方，最终推出了内地人喜欢的红烧牛肉面。新产品的取得成功也是与顶新集团的用心是分不开的。例如，董事长把品尝方便面作为自己的早课，直接把握产品的品质；在推出新产品之前，先请目标消费者试吃；把竞争对手的产品与自己的产品分别标识 A、B 两组，试吃者在不知道的情况下，比较两种产品的优劣，顶新要求自己的产品比例要达到顾客 70%以上满意才能上市。

三、市场调研步骤

市场调研的步骤如图 4-1 所示。

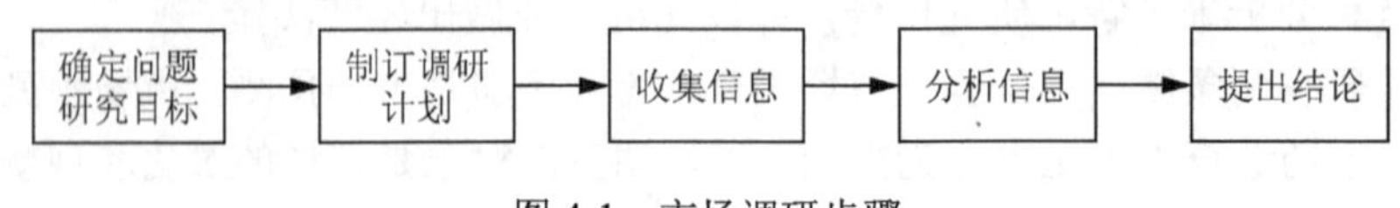

图 4-1 市场调研步骤

四、市场调研的方法

市场调研的方法分为直接调查和间接调查。

1）直接调查是通过实地调查收集资料的方法，又称第一手资料调查，主要有访问法、观察法、实验法。根据与被调查者接触方式的不同，访问法包括面谈调查法、电话调查法、邮寄调查法和留置问卷调查法。例如，为了解某产品的市场需求以及消费者的认知度，可通过设计问卷，到人流集中的地方进行现场调查，经过汇总统计后所获得的结论就是该产品今后生产营销推广策略的依据。

2）间接调查法是调研人员通过收集间接的文档资料，进行调查、分析的一种方法，也称第二手资料调查。例如，在一些专业的杂志和报刊上有关某产品的生产销售状况描述，可作为该产品在区域内如何推广和销售的参考。

案例思考 4-1

关于冰茶的两种调查结论

一间宽大的访谈室里，桌子上摆满了各种饮品，有几个被访问者逐一品尝着不知名的饮料，把口感写在面前的卡片上。这个场景发生在 1999 年，当时任北华饮业调研总监的刘强组织了 5 场这样的口味测试，他想知道，公司试图推出的新口味饮料能不能被消费者认同。

此前调查显示：超过 60%的被访问者认为不能接受冰茶。刘强领导的调查小组认为，只有进行了实际的口味测试才能判别这种新产品的可行性。

面对调查结论，刘强的信心被彻底动摇了，被测试的消费者表现出对冰茶的抵抗，一致否定了装有冰茶的测试标本。新产品在调研中被否定。

直到 2000 年、2001 年，以旭日升为代表的冰茶在中国全面旺销，北华饮业再想迎头赶上为时已晚，一个明星产品就这样与刘强擦肩而过。说起当年的教训，刘强还是感到惋惜："我们举行口味测试的时候是在冬天，被访问者从寒冷的室外来到现场，没等暖和过来就进入测试，寒冷的状态、匆忙的进程都影响了被访问者对味觉的反应。被访问者对口感温和浓烈的口味表现出了更多的认同，而对清凉淡爽的冰茶则表示排斥。测试状态与实际消费状态的偏差让结果走向了反面。"

"驾驭数据需要系统谋划。"好在北华并没有因此怀疑调研本身的价值，刘强说，"去年，我们成功组织了对饮料包装瓶的改革，通过测试，我们发现如果在塑料瓶装的外形上增加弧形的凹凸不仅可以改善瓶子的表面应力，增加硬度，更重要的是可以强化消费者对饮料功能性的心理认同。"

北京普瑞辛格调研公司副总经理邵志刚先生的话似乎道出了很多企业的心声："调研失败如同天气预报给渔民带来的灾难，无论多么惨痛，你总还是要在每次出海之前，听预报、观天气、看海水。"

思考：冰茶事件给了你什么启示？

案例思考 4-2

吉列公司市场调查的成功案例

男性长胡子，因而要刮胡子；女性不长胡子，自然也就不必刮胡子。然而，美国的吉列公司却把"刮胡刀"推销给女性，居然大获成功。

吉列公司创建于 1901 年，其产品因使男性刮胡子变得方便、舒适、安全而大受欢迎。进入 20 世纪 70 年代，吉列公司的销售额已达 20 亿美元，成为世界著名的跨国公司。然而吉列公司的领导者并不以此满足，而是想方设法继续拓展市场，争取更多用户。就在 1974 年，公司提出了面向女性的专用"刮毛刀"。

这一决策看似荒谬，却是建立在坚实可靠的市场调查的基础之上的。

吉列公司先用一年的时间进行了周密的市场调查，发现在美国 30 岁以上的女性中，有 65%的人为保持美好形象，要定期刮除腿毛和腋毛。这些女性之中，除使用电动刮胡刀和脱毛剂之外，主要靠购买各种男用刮胡刀来满足此项需要，一年在这方面的花费高达 7500 万美元。相比之下，美国女性一年花在眉笔和眼影上的花费仅有 6300 万美元，染发剂 5500 万美元。毫无疑问，这是一个极有潜力的市场。

根据市场调查结果，吉列公司精心设计了新产品，它的刀头部分和男用刮胡刀并无两样，采用一次性使用的双层刀片，但是刀架则选用了色彩鲜艳的塑料，并将握柄改为弧形以利于女性使用，握柄上还印压了一朵雏菊图案。这样一来，新产品立即显示了女性的特点。

为了使雏菊刮毛刀迅速占领市场，吉列公司还拟定了几种不同的"定位观念"在消费者之中征求意见。这些定位观念包括突出刮毛刀的"双刀刮毛"；突出其创造性的"完全适合女性需求"；强调价格的"不到50美分"；表明产品使用安全的"不伤玉腿"等。

最后，公司根据多数女性的意见，选择了"不伤玉腿"作为推销时突出的重点，刊登广告进行刻意宣传。结果，雏菊刮毛刀一炮打响，迅速畅销全球。

这个案例说明，市场调查研究是经营决策的前提，只有充分认识市场，了解市场需求，对市场做出科学的分析判断，决策才具有针对性，从而拓展市场，使企业兴旺发达。

思考：本案例给了你什么启示？

创业行动

问卷调查是市场调研过程中采用的一种比较普遍的方法，是调查者将所要研究的问题编制成统一设计的问卷，以邮寄方式、当面作答或者追踪访问方式要求被选取的调查对象填答，以了解情况或征询意见的调查方法。根据载体的不同，可分为纸质问卷调查和网络问卷调查。纸质问卷调查比较传统，一般通过人员来分发这些纸质问卷，以回收统计；网络问卷调查则依靠一些在线调查问卷网站进行问卷设计、发放及分析结果，目前国内则有问卷网、问卷星等提供这种方式。

为了更好地了解你的创业项目市场现状以及前景，为你的创业项目设计一份市场调查问卷。

第二节　市场预测

创业航标

成功者说

不要贪多，做精做透很重要，碰到一个强大的对手或者榜样的时候，你应该做的不是去挑战它，而是去弥补它。

我永远相信只要永不放弃，我们还是有机会的。最后，我们还是坚信一点，这世界上只要有梦想，只要不断努力，只要不断学习，不管你长得如何，不管是这样，还是那样，男人的长相往往和他的的才华成反比。今天很残酷，明天更残酷，后天很美好，但绝对大部分是死在明天晚上，所以每个人不要放弃今天。

——马云

成功者介绍

马云，阿里巴巴集团主要创始人之一、阿里巴巴集团主席和首席执行官、阿里巴巴公司主席和非执行董事、软银集团董事、中国雅虎董事局主席、亚太经济合作组织下工商咨询委员会会员、杭州师范大学阿里巴巴商学院院长、华谊兄弟传媒集团董事、北京华夏管理学院特聘教授。

成功者的故事

马云创办海博翻译社

马云有过三次创业经历，大家对马云创办阿里巴巴的情况比较了解，但是在之前马云还有过两次创业，下面我们了解一下马云第一次创业的经历。

马云之所以要办翻译社，主要是基于 3 个方面的考虑：①当时杭州很多的外贸公司，需要大量专职或兼职的外语翻译人才；②他自己这方面的订单太多，实在忙不过来；③当时杭州还没有一家专业的翻译机构。

很多人光有想法，从来都不会有行动。但是马云一有想法，是马上行动。当时是 1992 年，马云是杭州电子工业学院的青年教师，28 岁，工作 4 年，每个月的工资还不到 100 元。但没钱不是问题，他找了几个合作伙伴一起创业，风风火火地把杭州第一家专业的翻译机构成立起来了。

创业开始，举步维艰，第一个月，翻译社的全部收入才 700 元，而当时每个月的房租就是 2400 元。于是好心的同事朋友就劝马云别瞎折腾了，就连几个合作伙伴的信心都发生了动摇。但是马云没有想过放弃，为了维持翻译社的生存，马云开始贩卖内衣、礼品、医药等小商品，跟许多的业务员一样四处推销，受尽了屈辱，受尽了白眼。

整整三年，翻译社就靠着马云推销这些杂货来维持生存。1995 年，翻译社开始实现赢利。现在，海博翻译社已经成为杭州最大的专业翻译机构。虽然不能跟如今的阿里巴巴相提并论，但是海博翻译社在马云的创业经历中也划下了重重的一笔。

海博翻译社给马云最大的启示就是永不放弃。

没有钱，只要你永不放弃，你就可以取得成功。

思考：假设你现在创业资金短缺，你会通过其他的途径筹集资金，继续坚持吗？

古人很早就有“辨道、顺道”的说法，“道”就是规律，随着人们认识能力的增强，我们可以通过一些手段和媒介去发现、认识和利用“规律”。我们知道未来充满变数，这个世界最大的不变就是变。企业虽然对未来的发展不能很好地把握，但是企业可以努力认识和利用规律预测市场的发展变化（包括市场、顾客、技术等），调整企业的经营，提高经营的胜算把握。

一、市场预测的含义

市场预测，简单地说就是根据过去和现在推断未来。经营者通过对影响市场供求变化的众多因素进行市场调研，获得的过去和现在的详细资料，运用科学的理论和方法，估计事物在今后的可能发展趋势，从而掌握市场供求变化规律，为经营者决策提供可靠的依据。市场预测的目的是预测未来市场变化的动态，提高经营管理、销售推广的准确性，减少盲目性，降低决策后可能遇到的风险，使企业经营目标顺利实现。

二、市场预测的内容

市场预测的内容包括预测市场容量及变化，如消费者的变化、消费者购买能力的预测、商品需求的变化及发展趋势的预测（对商品的需求数量、花色、品种、规格、质量等）、预测市场价格的变化；预测生产发展及其变化趋势。例如，随着人们生活水平的提高，对一些非商品性的消费支出增大，家庭和个人的娱乐、消遣、劳务型的费用支出比例将增加。

三、市场预测的方法

一般情况下，市场预测包括定量预测和定性预测两种方法。其中适合初创企业者，比较简单和常用的市场预测方法为专家会议法和购买意向调查预测法。专家会议法是指组织有关方面的专家，以会议的形式，对产品的市场发展前景进行分析、预测，然后在专家判断基础上，综合专家意见，得出结论；购买意向调查预测法是指用问卷的形式征询潜在购买者未来的购买意愿，由此预测出市场未来的需求。

除了这两种方法外，市场预测可以根据你的经验、竞争对手的市场情况、实地测试调查等方式进行。

四、市场预测的步骤

一个完整的市场预测过程通常包括准备阶段、占有资料阶段、预测阶段、评价与检验阶段、确定预测阶段。在确定预测目标、制定预测计划后，收集和整理各种与预测相关的资料，然后选择合适的预测方法进行预测，再对各种预测值进行评价和检验分析预测误差，最后确定预测值、提出正式的预测结论。

为了保证市场预测过程中的准确性，需要注意预测过程中要避免的两种倾向：第一，不认真调查研究，导致获取的数据资料不准确，导致有效性降低，不能够很好的预测；第二，针对已收集到的数据和资料，结合已有的企业现状，进行过于乐观的预测。

知识链接 4-2

人们对新产品的购买意向

某市进行某新产品的市场调查，访问 1000 个样本，被访者的购买意向的调查及比例见表 4-1。

表 4-1　被访者的购买意向的调查及比例

购 买 意 向	人　　数	比例/%
一定会买	300	30
可能会买	150	15
不能决定时都购买	250	25
可能不会买	200	20
肯定不买	100	10
总计	1000	100

因为被访者回答一定会购买或者可能购买往往包含夸大购买的倾向，所以要对调查的结果进行加权处理，然后才能得出符合实际情况的结论。实际处理时，对每一种选择赋予不同的权重，如对“一定购买”赋予权重 0.9，对“可能购买”赋予权重 0.2，对于“肯定不买”赋予权重 0.1 等。然后计算出平均购买的可能性，即等于不同的购买者的百分比乘以权重相加的和。未来的市场需求计算如下：

未来的市场需求=家庭总户数×平均购买可能性

案例思考 4-3

市场预测失败案例

某市童装厂近几年生产和销售量连年稳定增长。但在今年年初，该厂设计了一批童装新品种，有男童的香槟衫、迎春衫，女童的飞燕衫、如意衫等。借鉴成人服装的镶、拼、滚、切等工艺，在色彩和式样上体现了儿童的特点，活泼、雅致、漂亮。由于工艺比原来复杂，成本较高，价格比普通童装高出 80%以上。为了摸清这批新产品的市场吸引力，春节前夕该厂与百货商店联合举办了“新颖童装迎春展销”活动，新产品小批量投放市场十分成功，柜台边顾客拥挤，购买踊跃。许多商家主动上门订货。连续几天亲临柜台观察消费者反应的李厂长看在眼里，喜在心上。他不由想到：“现在都只有一个孩子，为了能把孩子打扮得漂漂亮亮的，谁不舍得花些钱？只要货色好，价格高些看来没问题。”于是他决定趁热打铁，尽快组织批量生产，及时抢占市场。

为了确定计划生产量，以便安排以后的月份生产，李厂长根据月销售统计数，运用加权移动平均法，计算出以后月份预测数，考虑到这次展销活动的热销场面，他决定将生产能力的 70%用来生产新品种，30%用来生产老品种。该厂 2 月生产的产品很快就被订购空。然而，到 4 月的时候，3 月的产品销路还没有落实。李厂长询问了几家老客商，他们反映销售这批产品确实有难处，原以为新品种童装十分好销，谁知 2 月订购的那批货，卖了一个多月还未卖 1/3，他们现在既没有能力也不愿意继续订购这批童装了。对市场需求 180 度的转变，李厂长感到十分纳闷。他弄不明白：这些新品种都经过试销，自己亲自参与市场调查和预测，结果为什么会事与愿违呢？

思考：该童装厂的案例给了你什么启示？

创业行动

问卷调查是一种发掘事实现况的研究方式，最大的目的是搜集并积累某一目标人群的某一属性的基本资料。因为我们进行的问卷调查是为了了解市场情况，以便分析创业项目的可行性，所以在设计好问卷之后，调查对象的选择很重要，因为调查对象的选择将影响到最终的结果。

对象的选择首先要多元化，即我们所选择的调查对象应该尽可能地覆盖不同类型的人群，如年龄、职业、经济收入、喜好等，尽可能地覆盖拥有不同特点的人群；其次，应该注意选择那些态度认真的调查对象，因为如果调查对象不认真，那么从他那里所获得的调研数据往往不够好。

根据你设计的创业项目调查问卷，选择对象进行实地调查（发放调查的问卷数量越多，越有代表性），并作统计分析，提出预测。

第五章 市场营销计划

第一节 产品与价格

创业航标

成功者说

一个业务出身的领导者，不管他的业务能力有多强，如果创业若干年后他在专业领域的动手能力上仍然是自己的团队中最出色的，那他一定不是一个好的领导者。因为好的领导者是靠判断力、靠制订和管理标准吃饭的，有什么样的判断就会有什么样的产品，有什么样的标准就会有什么样的人才。

——刘东华

成功者介绍

刘东华，正和岛网站创始人兼首席架构师、中国企业家俱乐部创始人、常务副理事长、《中国企业家》杂志社首席顾问；创办了中国企业领袖年会，担任中国企业领袖年会组委会主任，该年会已成功举办十三届，是中国最具影响力的商界盛会；兼任品牌中国产业联盟执行主席、学习型中国促进会主席和 CCTV 年度经济人物主任评委。

成功者的故事

刘东华自述创业观点

从创业者角度来说，我是最年轻的创业者，创业精神我可能是最老的，我年龄差不多在这里最大，至少按头发看肯定是最大的。我几乎一直是按照一种梦想，原来不知道创业精神这个词，但是确实是一直按照一种梦想，就是自己最想做什么?其实每一个人创业的动力是不一样的。

我说过一句话，正和岛不成功，刘东华死无葬身之地。你为什么要干这么一件事，做不成自己死无葬身之地。我快 50 岁的人创业做互联网，做移动互联，而且我从 1999 年就开始说正和岛这个没有的词，这套业务模式和商务模式，得到的全是嘲笑，又被嘲笑了十几年，最后终于发现这件事成功了。特别酷的另外一件事是什么，我不是做互联网，也不懂互联网，正和岛扩张太大，团队将近150个人，产品技术团队在开会交流的时候，我突然发现我这个团队的成员全是从所有最伟大最优秀的互联网公司和那些最有活力的创业公司来的。

我跟大家说全世界没有这样一个平台，因为现实社会的成功者对互联网是害怕的，在互联网最没有安全感。只有在正和岛，现实世界最成功的人都到这来，天天对我们团队提要求，我们希望你如何，这个团队的那种成就感，现实世界最成功的人，越聚越多，天天对他们提要求，互联网的朋友认为这个根本不可能，你刘东华说这么多年根本不可能有这样的模式存在，正和岛一年多，正式上线6月到现在，不到半年，到现在最酷就是从一个理念、一个梦想变成一个肉团，造成肉身，这个生命是活的，大家觉得这个事不得了，我说真正不得了的是三生万物，这个是活的。感谢大家！

所有的痛苦是别人眼里的，创业者一点都不觉得痛苦，我是一个新的创业者，我也愿意把自己踩到泥里，重新站起来！

思考：刘东华的演说中提到了自己的创业情况，你能从他的讲话中悟到什么？

市场营销计划是企业在市场调研分析的基础上，制定有关营销目标，为实现营销目标准备实施的策略、措施和步骤的计划。通俗的理解就是企业为顾客提供其需要的产品或服务，制定顾客能接受的价格，让产品或服务顺利地到达顾客的手中，采取一些措施告知并吸引顾客购买我们的产品或服务。

制订市场营销计划可从以下 4 个方面着手：产品（Product）、价格（Price）、地点（Place）、促销（Promotion），简称“4P”。

知识链接 5-1

4C 和 4P

4C 理论是由美国营销专家劳特朋教授在 1990 年提出的，它以消费者需求为导向，重新设定了市场营销组合的 4 个基本要素：消费者（Consumer）、成本（Cost）、便利（Convenience）和沟通（Communication）。它强调企业首先应该把追求顾客满意放在第一位；其次，努力降低顾客的购买成本；再次，充分注意到顾客购买过程中的便利性，而不是从企业的角度来决定销售渠道策略；最后，还应以消费者为中心实施有效的营销沟通。

4P 为企业的营销策划提供了一个有用的框架。不过，4P 是站在企业立场上的，而不是客户的立场。由此，4P 应该转换为 4C：产品（Product）——客户价值（Customer Value）；价格（Price）——客户成本（Customer Cost）；地点（Place）——客户便利（Customer Convenience）；促销（Promotion）——客户沟通（Customer Communication）。

4C 的理论框架说明了客户需要的是价值、低成本、便利和沟通，而不是促销。

一、产品

产品是市场营销最基本的要素，是企业为了满足消费者的需求提供给市场的各种商品或服务。产品包括有形产品和无形产品，如具体的衣服、鞋子等商品是有形的产品，服务、观念、信息、技术等属于无形的产品。

产品最基本的层次是核心利益，即向消费者提供的产品基本效用和利益，也是消费者真正要购买的利益和服务。

消费者购买某种产品并非是为了拥有该产品实体，而是为了获得能满足自身某种需要的效用和利益。例如，洗衣机的核心利益体现在它能让消费者方便、省力、省时地清洗衣物。产品核心功能需依附一定的实体来实现，产品实体称一般产品，即产品的基本形式，主要包括产品的构造、外形等。

期望产品是消费者购买产品时期望的一整套属性和条件。例如，对于购买洗衣机的人来说，期望该机器能省事省力地清洗衣物，同时不损坏衣物，洗衣时噪声小，方便进排水，外形美观，使用安全可靠等。

附加产品是产品的第四个层次，即产品包含的附加服务和利益，主要包括运送、安装、调试、维修、产品保证、零配件供应、技术人员培训等。附加产品来源于对消费者需求的综合性和多层次性的深入研究，要求营销人员必须正视消费者的整体消费体系，但同时必须注意因附加产品的增加而增加的成本，消费者是否愿意承担的问题。

产品的第五个层次是潜在产品，潜在产品预示着该产品最终可能的所有增加和改变。产品策略如图 5-1 所示。

我们在选择做什么产品和服务时，可以考虑这两种方式：以产品为导向，做我能做的；以顾客为导向，做顾客需要我做的。

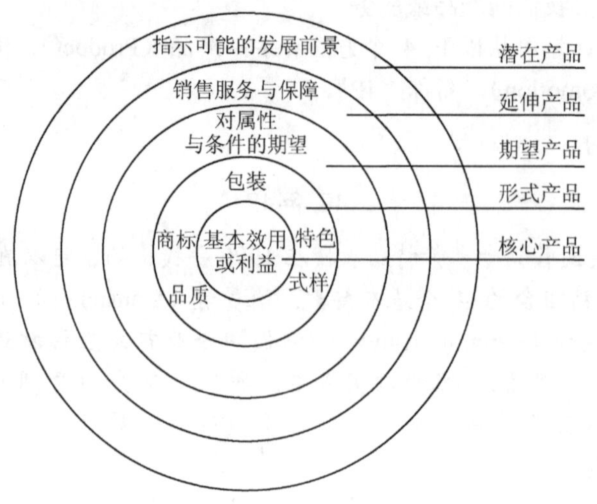

图 5-1　产品策略

拓展阅读 5-1

罗林洛克啤酒的包装策略

随着竞争的加剧和销售额的下降，美国啤酒行业的竞争变得越来越残酷。安豪斯·布希公司和米勒公司这样的啤酒业巨人正在占据越来越大的市场份额，把一些小的地区性啤酒商排挤出了市场。营销专家约翰·夏佩尔通过他神奇的经营活动使罗林洛克啤酒摆脱了困境，走上了飞速发展之路。而在夏佩尔的营销策略中，包装策略发挥了关键性的作用。该公司为罗林洛克啤酒设计了一种绿色长颈瓶，并漆上显眼的艺术装饰，使包装在众多啤酒中引人注目。夏佩尔说：“有些人以为瓶子是手绘的，它与别的牌子都不一样，独特而有趣。人们愿意把它摆在桌子上。”事实上，许多消费者坚信装在这种瓶子里的啤酒更好喝。该公司还对啤酒的包装箱进行了重新设计，包装上印有放在山谷里的这些绿瓶子，照片的质量很高，色彩鲜艳、图像清晰，消费者很容易从 30 英尺（1 英尺≈0.3048 米）外认出罗林洛克啤酒。

二、价格

价格策略是指企业通过对顾客需求的估量和成本分析，选择一种能吸引顾客、实现市场营销组合的策略。通俗地理解就是价格是我们的产品和服务要换回来的货币数额。

在第一次制定价格时，企业要考虑以下因素：我的客户是哪一类、什么样的价格顾客愿意接受、竞争对手的价格如何、企业的利润、最后选定最终价格。这里需要注意的是，如果定出的价格太高顾客就会不买；定低了赚不到钱！

定价时还要注意：

1）价格要能够对市场作出灵活反应，以消费者能接受的水平为基础。

2）同一产品在不同时间、地点、环境、对象和要求时可以产生不同的价格。

3）定价上限取决于消费者，下限取决于成本，参照竞争者价格，并且在国家价格政策法规允许范围内。

这里推荐一种定价的方法——总成本加成定价法，就是把所有为生产某种产品而发生的耗费都纳入成本的范围，计算单位产品的变动成本，合理分摊相应的固定成本，再按一定的目标利润率来决定价格。

知识链接 5-2

尾数定价

尾数定价又称零头定价，是指企业针对的是消费者的求廉心理，在商品定价时有意定一个与整数有一定差额的价格。这是一种具有强烈刺激作用的心理定价策略,这种定价方法多适用于中低档商品。

心理学家的研究表明，价格尾数的微小差别，能够明显影响消费者的购买行为。一般认为，5 元以下的商品，末位数为 9 最受欢迎；5 元以上的商品末位数为 95 效果最佳；100 元以上的商品，末位数为 98、99 最为畅销。尾数定价法会给消费者一种经过精确计算的、最低价格的心理感觉；有时也可以给消费者一种是原价打了折扣，商品便宜的感觉；同时，顾客在等候找零期间，也可能会发现和选购其他商品。例如，某品牌的 54 厘米（1 厘米≈0.3 寸）彩电标价 998 元，给人以便宜的感觉。认为只要几百元就能买一台彩电，其实它比 1000 元只少了 2 元。尾数定价策略还给人一种定价精确、值得信赖的感觉。

尾数定价法在欧美及我国常以奇数为尾数，如 0.99、9.95 等，这主要是因为消费者对奇数有好感，容易产生一种价格低廉，价格向下的概念。但由于“8”与“发”谐音，在定价中“8”的采用率也较高。

创业行动

写出你的创业项目所提供的产品或服务的特征、价格，见表 5-1。

表 5-1　产品、服务的特征及价格

产品/服务	特征、功能描述	价　格

注：写出主要的产品或服务即可，可以增加产品或服务的项目。

第二节　地点与促销

创业航标

成功者说

想当初，我什么都干过，织布工人啊、小会计啊。为什么我以前爱看《阿信的故事》，就是因为这个故事讲述了一个很普通的妇女艰苦创业的故事。我看到的是吃苦耐劳的精神，从一个小店逐渐壮大规模。像我自己的小孩，我让他一定从造纸开始学起，我不会让他半路去学做总经理。因为你根本不懂你底下的事情嘛!所以，无论就业还是创业，都一定要有吃苦耐劳的精神。

——张茵

成功者介绍

张茵，玖龙造纸有限公司董事长，中国女企业家，2006 年其家族财富总值 270 亿元人民币，2007 年《福布斯》全球亿万富豪排行榜 390 位，身价 770 亿元，成为中国第一位女首富，也是世界上最富有的女白手起家者。2009 年胡润百富榜以身家 330 亿排名第二位。

成功者的故事

胆识诚信是成功的基础

张茵曾攻读财会专业，担任过某合资企业的财务部部长和贸易部部长。在 1985 年，张茵到香港收购废纸的经历，让她很快了解到内地纸张短缺的情况和其中的巨大市场潜力。随即，她做出大胆决定，放弃在深圳优厚的工薪和住房，揣着 3 万元只身来到香港做起废纸回收贸易。她的创业之路由此起步。

在当时的香港，从事废纸回收行业的人地位并不高。但凭借着诚信的品格和吃苦耐劳的精神，又恰逢香港经济蓬勃发展的机遇，短短 6 年时间里，她就淘到了第一桶金。

后来，张茵在谈到那段经历时表示，讲信义、确保废纸的品质、从不拖欠货款等，是她将生意做大的几大诀窍。

但香港市场毕竟有限，为了寻求更大的发展，张茵和丈夫刘名中毅然将事业的重心迁往世界最大的原材料市场——美国。

刚到美国，张茵就为自己定下了目标，要成为美国的造纸原料大王。由于有了香港的行业经验、诚信的准则、充足的资本、银行的支持和明确专一的目标，张茵创办的公司很快成为美国最大的造纸再生原料出口商，并蝉联至今，且业务触角遍及欧美、亚洲等地区。

“如果只能建三星级的饭店，我决不会赌气建五星级的。”由于学过财会专业，张茵坦承自己最大的特点就是凡事量力而为。但这种稳健的性格，与她在做投资决策时甚至连男性都难以企及的胆识与魄力并不相悖。

思考：张茵的创业故事给你留下了什么启示？

一、地点

消费者总是喜欢在就近的地方或者便利的地方购买产品和服务，所以企业选择什么样的地点是非常重要的。但是企业要考虑到所选地点租金高低、吸引的顾客数量、其他相关的运营成本等是否是在企业的承受能力之内，所以不同类型的企业在地点的选择方面会有一些差异。

一般来说，商品价值高的企业，在地点的选择上会靠近人流、车流大的闹市区域，即使租金价格高，也能够承受；商品价值低的企业，由于承受租金的能力有限，所以一般地点选择在租金较低、靠近顾客生活区的地方。终端零售店、服务性企业的地点一般也设在离顾客较近的地方，方便顾客去店铺；如果地点选择在人流量大、交通便利的地方，那要保证它的运营过程中有足够的客流量来消费，以保证能够获得相应的收入，来应对较高额的租金。

生产制造业企业地点的选择，离客户距离的远近相对不重要些，较低的租金、方便的交通条件以及容易获取原料对他们显得更重要。所以很多工厂或车间设在远离城市中心地区，由于地价低，很多企业老板会购买土地，自造厂房来开办企业。

选址时要注意进行充分的市场调研，区别生产制造和贸易服务等不同行业的要求。通常应考虑的选址要素包括地理位置、周边环境、交通方便、周边设置、区域人口密集程度、目标顾客收入水准和购买习惯、竞争对手经营状况等。

知识链接 5-3

投资者怎样确定开店的位置

1）是否交通便利？

2）人口流量是否很大？

3）人口将来是否会增加？

4）是否接近人们聚集的场所？

5）是否有同类店铺聚集？

6）是否有障碍物？

7）店铺门前是否有一定空间？

8）是否与临近商店形成优势互补？

9）该地区是否有吸引人群的事物（如旅游景点、公园、幼儿园等）？

二、促销

促销是促进销售的简称，是指企业如何通过人员推销、广告、公共关系和营业推广等各种促销方式，向消费者或用户传递产品信息，引起他们的注意和兴趣，激发他们的购买欲望和购买行为，以达到扩大销售的目的。

1. 人员推销

人员推销是指企业通过派出销售人员，与一个或一个以上可能成为购买者的人交谈，作口头陈述，以推销商品，促进和扩大销售。人员销售是销售人员帮助和说服购买者购买某种商品或劳务的过程。人员推销的基本形式有上门推销、柜台推销、会议推销。

2. 广告

广告是企业为了某种特定的需要，通过一定形式的媒体，公开而广泛地向公众传递信息的宣传手段。媒体的种类很多，包括报纸、广播、电视、互联网、杂志、移动通信、展销会等，广告是需要企业付费的，所以企业要根据自己的实际情况选择是否广告以及什么形式的广告媒体组合。对于消费者来说，选择产品和服务在一定程度上考虑企业以及产品的知名度，如果不做广告，消费者就不会有印象，自然也不会选择。

3. 公共关系

公共关系是指某一组织为改善与社会公众的关系，促进公众对组织的认识、理解及支持，达到树立良好组织形象、促进商品销售的目的的一系列公共活动。它本意是社会组织、集体或个人必须与其周围的各种内部、外部公众建立良好的关系。树立诚实不欺，优质守信的形象。

4. 营业推广

营业推广是一种适宜于短期推销的促销方法，是企业为鼓励购买、销售商品和劳务而采取的除广告、公关和人员推销之外的所有企业营销活动的总称。面向消费者的营业推广方式主要有以下 8 种方式。

1）赠送促销。向消费者赠送样品或试用品，赠送样品是介绍新产品最有效的方法，缺点是费用高。

2）折价券。在购买某种商品时，持券可以免付一定金额的钱。折价券可以通过广告或直邮的方式发送。

3）包装促销。以较优惠的价格提供组合包装和搭配包装的产品。

4）抽奖促销。顾客购买一定的产品之后可获得抽奖券，凭券进行抽奖获得奖品或奖金，抽奖可以有各种形式。

5）现场演示。企业派促销员在销售现场演示本企业的产品，向消费者介绍产品的特点、用途和使用方法等。

6）联合推广。企业与零售商联合促销，将一些能显示企业优势和特征的产品在商场集中陈列，边展销边销售。

7）参与促销。通过消费者参与各种促销活动，如技能竞赛、知识比赛等活动，能获取企业的奖励。

8）会议促销。各类展销会、博览会、业务洽谈会期间的各种现场产品介绍、推广和销售活动。

企业应从行业研究入手，充分地分析行业竞争的根本，根据自身实力，制订有效的促销策略。消费者需求是多方面的，既是理性的，也是感性的，促销活动需要满足客户的这种心理需求。促销时要注意顺应消费者需求，以最少的投入取得更大的促销效果，同时也要注意促销会增加成本，不能滥用。

案例思考 5-1

大商超市与伊利牛奶的合作案例

促销的主张是在本超市购买满 88 元的货物，拿着收银条到超市门口去换价值 39.8 元的伊利牛奶，但伊利牛奶不是免费送，而是凭着这张收银条，在贴 30 元就可以抱一箱牛奶回家。此活动有时间限制和数量限制，时间就是当天 9 点～下午 5 点，数量就是门外摆的这些牛奶，这个活动推出后，超市的销量大增，购物的人排成了几十米长的队，更重要的是，以前买 30 元的货物今天却买了近 100 元，以前买 50 元的，今天也是买了近 100 元，有的人甚至一天买好几次，每次买 88 元以上，他们的目的是什么呢？就是为了换那箱价值 39.8 元的牛奶，就是为了节省那 9.8 元，而多花了好几十元。超市门口的约 2000 箱牛奶，不用一天的时间，只剩下了几箱。

思考：本案例给了你什么启示？

创业行动

1）如果企业要落地生根，那么你计划将你的企业地点或办公地点选在哪里？为什么选在这里？请写下来。

企业地点选择____________________________

原因是________________________________

____

2）新开企业，为了提高企业和产品的知名度，让消费者知道企业、知道产品，一般会选择一定的促销方式，那么你打算为你的企业和产品选择什么样的促销方式？为什么？请下来。

促销方式选择____________________________

原因是________________________________

____

第六章

创业资金

第一节　创业资金筹集

创业航标

成功者说

如果我用个人的能力，可以赚一个亿，可能 100%是我的；但我用十个人的时候，我们可能赚到十个亿，可能我只有 10%，我同样是一个亿，但我们的事业变大了。

创业，其实就是想做事，做实事，但不一定是什么惊天动地的事，而是把自己的事做好，一点一滴积累，到一定程度就是大事了。

——张近东

成功者介绍

张近东，苏宁集团董事长兼总裁、苏宁电器连锁股份有限公司董事长、党支部书记。1990 年创建苏宁电器。2004 年 7 月在深圳证券交易所中小企业板上市，成为国内首家 IPO 首发上市的家电连锁企业，曾被评为“2004 年度中国民营经济十大风云人物”。2010 年胡润富豪榜第九名。2011 年 3 月 10 日，张近东以 50 亿资产蝉联苏商首富。

成功者的故事

张近东与苏宁电器

1984 年，张近东在南京师范大学毕业后，进入南京鼓楼区属一家企业。工作之余承揽了一些空调安装工程，为自己创业攒到了 10 万元资本。1990 年 12 月，27 岁的张近东辞去了固定工作，租下小门面，成立了专营空调批发的小公司——苏宁小家电，开始了个人和苏宁电器的创业历程。

当时正处于空调销售的暴利时代。张近东下海第一年就做到了 6000 万元，纯挣 1000 万了。在当时南京国有大商场眼中，民营企业苏宁无疑是半路杀入空调业的“程咬金”。1993 年，“八大商场”联合发动空调大战向苏宁发难，宣称将统一采购、统一降价，如果哪家空调厂商供货给苏宁，他们将全面封杀该品牌。这场商战是中国家电业第一次在卖方市场下出现的“价格战”，不过苏宁反而一战成名，凭借平价优势，当年空调销售额达到3亿元，一跃成为国内最大空调经销商，最终成为这场大战的赢家。

但好景不长，1995年以后，中国家电市场出现供大于求状况，许多制造商直接渗透零售市场。为此，张近东逐渐缩减批发业务，开始自建零售终端，卖家电也从单一空调逐步增加到综合电器。

2000年苏宁停止开设单一空调专卖店，全面转型大型综合电器卖场。到目前为止，苏宁已发展成为中国大型家电连锁企业。

思考：看了张近东的创业故事，你从中学到了什么？

一、创业资金的计算

好创意、好项目会使创业项目的成功率高。但是天上不可能掉馅饼，需要有初步的创业资金投入运行，否则没有资金、资金不够或者资金中途被抽离，创业者将落下“英雄泪”。

手中有粮，心中不慌，创业也是如此。资金是企业经济活动的第一推动力和持续推动力。创业者必须要预算自己企业运营需要的足够资金，那么创业资金用于哪些方面，怎样计算创业资金呢？

创业资金的类型包括以下几方面。

1. 运营前的资金

企业创业阶段，需要投入一定数量的资金，用于各种开办企业的支出，一般将这部分资金称为运营前支出，包括购买或租赁办公场所、添置设备、装修厂房、通水通电、置办相关证件等费用。

2. 运营资金

企业投入运营后，需要投入一定资金维持正常的运营，即运营资金，包括员工工资、原材料费用、水电费、日常办公费用、营销费、交通费、招待费用等。

案例思考6-1

王某和他的臭氧消毒机代理生意

王某曾经在大公司做过销售，现在代理了一家珠海某高科技公司生产的臭氧消毒机。厂家的产品有两种：一是商业用消毒机，零售价2000元左右；二是家用消毒机，零售价400元左右。王某选择了家用消毒机。因为产品初上市，厂家给出的条件也优惠，首批进货4万元，以后确保每月进货一次，3个月代理商保留期，如果做不上量，厂家可招收其他代理商。

王某投资5万元，租了一套两室一厅做办公室，房租每月1000元，一次性付清半年；3000元购入办公用品（电脑、传真机从父母家借用）；执照税务花费近400元。

前期工作用了两个月时间，王某意识到创业远远不是当初想象中的那么简单。

在筹备公司期间，王某对市场进行了调查，发现类似的臭氧机在重庆已经有两家进入，而且这两家依靠传统的宣传手段都销售得不错。他先摸清了对手的价格底细，制定了自己的战略。

开业前，王某为了宣传这个新产品，花2000元开了一个小型的记者招待会。消毒机具有清除空气中的细菌，还具有解除蔬菜残留农药的作用。针对此时本市报刊正在热烈讨论吃放心蔬菜的情况，王某主要从解除蔬菜残留农药这个新闻点切入，介绍这种消毒机。第二天，就有3家报纸发出了这则新闻。随后他又在几家报纸跟进了招商广告。

一切进展都很顺利，不久就有电话打进来。王某不厌其烦地解答，有人提出来看机器，他也忙着做示范。可是，这样忙碌一个星期后，王某发现一个问题，打电话来询问的大都是个人购买者，因为离公司较远又不愿上门花时间来买一台机器，总是问附近哪儿有卖？更有人问商场有没有卖？

王某的本意是招代理商，并不想自己做销售，顾客打电话询问哪里能买到机器倒是提醒了他。于是，王某开始自己去跟商场联系，想将产品打入商场。可是商场的入场费却让他泄了气。他打电话跟厂家商量，期望得到厂家的支持，可是厂家根本不愿意出一分钱；他提出再追加5万投资，想找父母借钱，想不到也没有得到支持。父亲很明确地告诉他说，第一步，先保住你的生存再求发展。

眼高手低，丢了市场。

一个月过去后，电话再也没有了。机器也一台没有卖出去。

就在这时，终于来了一个代理商，要求做万州区的代理。按照王某先期的规定，区级代理应该至少首期进货1万元。按理说，1万元也就是100多台机器，上百万人口的一个区消化这点并不困难。可是对方却跟王某讨价还价，最后谈到进货5000元，还将价格压了再压。王某忙活一天，做现场示范，给他宣传资料，请他吃火锅，到下午才将货装上车，拿到了这5000元。

总算有了开始，王某心里松了口气，同时怀有更大期望，希望他再次进货。这时，王某意识到了广告的重要性，接着在几家报纸上进行广告招商。一个月后，有了3家代理商，但进货量都很小。局面不像事先设想的那样，王某也不再坚持规定的量，因为来做代理的人，大多跟王某一样，没有多少经济实力做支撑，都是些想以此创业求生存的人。

半年之后，王某结束了他的臭氧消毒机代理生意。总体上来说，王某没赔没赚，而且学到了不少经验。但做生意就是为了赚钱，从这方面来说，王某是失败了。

思考：本案例给了你哪些启示？

二、创业资金来源

对于创业者来说，如何快速、有效地筹集到资金是很重要的事情。如果你的创业项目需要一定数量资金，靠个人无法解决的话，那么你需要利用多种渠道去募集资金。一般情况下，创业资金来源有以下几个方面。

1. 自有资金

从孩童开始父母给的零花钱、亲友的压岁钱得到不断的积累，工作的收入、表现突出获得的奖金等，都增加了积蓄。对于要干的事业，投入资金自然是义不容辞。

2. 亲友借贷

自有资金不够的情况下，一般情况下，首先与父母、兄弟、姐妹商量自己的创业想法，求得资金的资助。其次，交往深的朋友也是创业资金借贷的来源。值得注意的是，第一，要和亲友们说清楚自己的创业构想，求得理解和支持；第二，要选择那些能够承担得起资金的亲友筹集，绝对不能让家人和亲友破产。他们的支持是处于对您的关爱和信任，所以要尊重他们的钱财，非常谨慎地使用它们。同时要偿付一定的有偿利息，利息是可以比银行和融资机构低得多的。

3. 风险投资

如果创业项目有较强的可操作性、有较好的发展前景和较高的利润回报率，那么创业者可以拿着创业项目书去相关的风险投资机构去申请，以获得相应的资金。

4. 银行借贷

创业者可以将自己的固定资产拿到银行，以抵押进行借贷获得资金。

5. 股权融资

股权融资创业者出让部分企业所有权，通过企业增资的方式引进新的股东的融资方式。股权融资获得的资金，企业无须还本付息，但是新股东将与老股东同意分享企业的盈利与增长。股权融资既可以用于企业的营运资金，也可以用于企业的再投资活动。

6. 债权融资

债权融资是企业通过借钱的方式进行融资，所获的资金，企业首先要承担资金的利息，另外在借款到期后向债权人偿还资金的本金。债权融资一般情况下是用于解决企业运营资金短缺的问题。

7. 政策扶持资金

政策扶持资金是为了促进国民经济发展、支持科学研究和企业发展，国家各级政府专门设立的一种政策扶持资金或计划项目资金。只要企业具备申报条件，都可以申请政府资金。国家政策扶持资金贯穿企业生命周期的绝大部分，从开始研发资助到项目产品产业化以及走出国门开拓市场等，都可以获得国家不同类型的资金支持，可以称得上是“免费皇粮”。

知识链接 6-1

一点一滴地把事情做好

马云说过：“阿里巴巴能够走到今天，有一个重要的原因就是我们没有钱，很多人失败了就是因为太有钱了。以前我们没有钱时，每花一分钱都认真考虑，现在我们有钱了还是像没有钱时一样花，因为我们今天花的钱是风险资本的钱，我们必须对它们负责，我知道花别人的钱要比花自己的钱更加痛苦，所以我们要一点一滴地把事情做好，这是最重要的。”

创业行动

创办企业需要投入办公场地、装修、设备、材料、员工费用等，需要花费。你的企业需要花费多少，做一下预算，并估计自己将通过什么方式来筹集创业资金？结合你的创业项目，写在下面。

我的创业项目是____

初步估计需要投入资金____________________________________

我的资金来源是____

第二节　创业资金管理

创业航标

成功者说

创业之初，我们就在讲守正出奇，所谓守正就是要遵守各项法律政策，70%要做正，30%可以变通。所有企业在成长过程中都将面临很多灰色的东西，我只能这样跟你说，万通在这些企业里面是做的最少的，而且是能不做就不做，所以，我们一直没有出事。我们很少靠个别官员支持我们，我们没有什么所谓的后台。

——冯仑

成功者介绍

冯仑，万通控股董事长、中国民生银行董事，阿拉善SEE生态协会第四任会长、全国工商联住宅产业商会轮值主席、华本地产俱乐部荣誉董事长、中国城市房地产开发商策略联盟——“中城联盟”的发起人和“新住宅运动”的倡导者之一。他是法学博士，清华大学中旭商学院高级讲师，“新住宅运动”的倡导者之一，以及策划并领导陕西证券公司、武汉国际信托投资公司、华北华联等企业的收购及重组。

成功者的故事

冯仑和万通的故事

1991年的海南处于大开发前夜，大把机会开始出现。冯仑、王功权、王启富、刘军会和南德的易小迪5人凑了3万元，注册了海南农业高技术联合开发投资公司。注册完公司，他们兜里只剩几百元钱。半年后潘石屹加入。“万通六兄弟”形成。

创业过程是曲折的。为了求人办事，他们请人家唱歌、喝酒直到深夜。埋单时，冯仑傻眼了，一千多元大单超出了他们身上的现金总和。他让客人先走，同时让其中一个兄弟去外面借钱。凌晨一点半，一个兄弟满大街借钱，其他人留在歌厅当抵押。结完账，他们筋疲力尽，互相搀扶着走出歌厅大门。

注册农业高技术公司，完全是挂靠单位的需要。不过，他们确实找银行贷款做了几个农业项目，也赚了些钱。但冯仑等人认为，赚大钱还要靠房地产。1992～1993 年是海南房地产狂欢时期，满大街都是买卖房产的人，几张房地产图纸就能堆出金山，全国 30 多个地级市都在海南设立了房产公司。一合计，他们决定把农业项目都卖出去。

冯仑等人投身房地产，赚得盆满钵满，其间也发生了一些匪夷所思的事。有一次，冯仑大赚一笔后还给朋友 500 万元。他对朋友谈起这笔生意。朋友问，你买的那个楼是跟谁买的？你是不是把楼卖给了××？他说是。朋友一拍大腿，“哎，我底下一个公司卖你的楼，被我另一个公司买走。你的资金还是我借给你的。”

冯仑等人当时追求的不仅仅是金钱。这些源自体制内的学者们在 1992 年共同写的一篇文章，叫作《披荆斩棘共赴未来》。

1992 年底，万通公司注册资金已经改写为 5000 万，并拥有 1 亿元的投资能力。当年的“皮包公司”已经鸟枪换炮了。

山雨欲来风满楼。次年有人提醒万通，海南不是久留之地。于是，潘石屹带着一小笔钱到了北京，找到华远，通过运作，在北京阜城门地铁附近起势，盖起了万通新世界广场。

1995 年，万通的触角已伸进房地产、通信、服装、商业、信息咨询、银行、保险、证券等多个领域，地盘扩及北京、海南、西安、沈阳、武汉。

就在万通总资产达到 70 亿元时，万通经历了一次剧变，北京万通的法人代表潘石屹带着他的“SOHO”系列离开万通，成为地产新贵；王功权远赴美国转行做风投，创办“鼎晖创投”；易小迪搞起了阳光 100 集团，成为楼市新星；王启富成为“海帝地板”总裁；刘军会重归农业高科技投资，在四川从事农业项目，做着果蔬保鲜、储藏加工和营销的买卖。只有冯仑一直留在万通集团。

不过，对于兄弟散伙的历史，冯仑曾评价说，万通六兄弟从没在钱上伤过感情，并且自豪地说：“万通人有做老板的遗传基因。”

冯仑在运作了万通新世界广场、万泉新新家园等几桩漂亮的项目之后，1999 年又和王石、任志强、卢铿等人共同发起“新住宅运动”，成立一个房地产界的策略联盟机构——中城房网。北京万通更是中国首家触网的房地产商，当年万通地产推出“中国城市房地产联合网”的时候，网络还是一个新生儿。

思考：冯仑的创业经历以及和创业团队其他成员的关系给了你什么启示？

一、创业资金的使用目的

当我们有了创业资金之后，就要开始进行创业资金的管理。创业资金一般运用于以下几个方面。

首先，准备开业前的一些工作所需要的开支，即开办费用，如注册费、营业执照费、装修费、技术转让费（主要用于购买专利的费用）、加盟费、市场调查费、培训费、验资费等。

其次，企业运营中需要购置的一些价值较高、使用寿命长的物资，即固定资产的投资，如企业用地、建筑、设备（包括机器、工具、车辆、办公家具等）。

再次，企业日常运转和经营管理中产生的费用，即周转资金，主要用于店铺租金、

员工工资、购买原材料和商品存货、广告活动费用、交通费、水电费、保险费、办公费等。

最后，企业经营过程中什么事情都有可能发生，会产生不可预见的费用，需要预留一部分资金作为应急资金来备用。例如，客户资金不及时到账、罚款、盗窃、丢失等情况的发生，势必要产生财务的损失。应急资金的准备，可以有效地应对企业运营过程中产生的风险，保证创业项目的顺利进行。

二、创业资金的管理

对自己的创业资金进行合理分配，然后结合创业项目进行资金用途计算，力争实际使用资金小于创业资金总额，以保证创业项目的正常运营。

对自己的创业资金用途进行计算，见表 6-1。

表 6-1　创业资金用途

序　号	资金使用类别	创业资金用途	资金数额/元	备　注
1	开办费	注册费、营业执照费		
2		装修费		
3		培训费、市场调查费等		
4	固定资产	生产设备		
5		交通工具		
6		办公设备		
7	周转资金	房租/年		
8		原材料		
9		员工工资/月		
10		日常水电费		
11		保险费		
12		广告活动费		
13		办公费等		
14	应急资金			
合计				

创业行动

你已经筹集到创业资金并开始启动你的创业项目。

开业前，你要去注册相关的资质，要付房租，进行装修，购买设备、办公用具、交通工具、原材料、产品等。

开业后，你要进行宣传推广企业和产品，邀请亲朋好友捧场，聘请员工帮忙。

正常营业中，你的水电费、话费、交通物流费、工作用餐费、相关的管理费用以及其他的费用等，都需要考虑。

你打算怎样分配这些资金？有计划地罗列出来。

第七章

企业法律形态

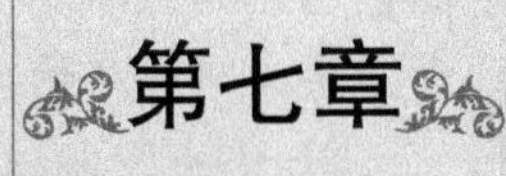

创业航标

成功者说

企业发展就是要发展一批狼。狼有三大特性：一是敏锐的嗅觉；二是不屈不挠、奋不顾身的进攻精神；三是群体奋斗的意识。

世界上一切资源都可能枯竭，只有一种资源可以生生不息，那就是文化。

什么叫成功？是像日本那些企业那样，经九死一生还能好好地活着，这才是真正的成功。

——任正非

成功者介绍

任正非，华为技术有限公司总裁。2011 年以 11 亿美元首次进入福布斯富豪榜，排名全球第 1056 名，中国第 92 名。在《财富》中文版第七次发布中，位居“中国最具影响力的商界领袖”榜单之首。

成功者的故事

任正非和华为

1987 年，43 岁的任正非从部队以团副的身份转业，成为南油集团下属的一个电子公司的经理。一个“很偶然”的机会，一个做程控交换机产品的朋友让任正非帮他卖些设备，任正非以 2.4 万元资本注册了深圳华为公司，成为香港康力公司的 HAX 模拟交换机的代理。凭借特区一些信息方面的优势，从香港进口产品到内地，以赚取差价——这是最常见的商业模式。对于身处深圳的公司而言，背靠香港就是最大的优势，至于是代理交换机还是代理饲料，都是一样的。更何况任正非本人也是通信技术的门外汉，他的爷爷是一个做火腿的，父母是普通教师，他在重庆建筑工程学院的专业是暖供，十几年的军旅生涯可能使他成为中国比较早用上电话的人，却远不足以令他对这个产业有深入了解。

43 岁拉起旗帜单干的任正非，在这个时候突然表现出了他的商业天才。在卖设备的过程中，他看到了中国电信对程控交换机的渴望，同时他也看到整个市场被跨国公司所把持。当时国内使用的几乎所有的通讯设备都依赖进口，也就是“七国八制”，即美国

AT&T、加拿大北电、瑞典爱立信、德国西门子、比利时贝尔、法国阿尔卡特，以及日本NEC和富士通。民族企业在其中完全没有立足之地，任正非决定要自己开始做研发。

任正非后来解释自己早期的这一次转型的原因时说："外国人到中国是为赚钱来的，他们不会把核心技术教给中国人，而指望我们引进、引进、再引进，企业始终也没能独立。以市场换技术，市场丢光了，却没有哪样技术被真正掌握了。而企业最核心的竞争力，其实就是技术。军人出身的任正非似乎天生具有比一般人更加强烈的爱国热情和保卫领土的敏感和决心，而他在那个时候能够认识到"技术是企业的根本"，便从此和"代理商"这个身份告别，踏上了企业家的道路。

1991年9月，华为租下了深圳宝安县蚝业村工业大厦三楼，最初有50多人，开始研制程控交换机。这里既是生产车间、库房，又是厨房和卧室。十几张床挨着墙边排开，床不够，用泡沫板上加床垫代替。所有人吃住都在里面，不管是领导还是员工，做得累了就睡一会儿，醒来再接着干。这是创业公司所常见的景象，只不过后来在华为成为了传统，被称为"床垫文化"，直到华为漂洋出海与国外公司直接竞争的时候，华为的员工在欧洲也打起地铺，令外国企业叹为观止。12月，首批3台BH－03交换机包装发货。到1992年，华为的交换机批量进入市场，当年产值即达到1.2亿元，利润则过千万，而当时华为的员工，还只有100人而已。这样的成长速度，是属于那个时代的。

从此，华为像一匹来自深圳的狼，扑进了这个正在高歌猛进的行业。事实上，最初抓住交换机机遇的不仅仅是华为，当时通信制造领域势头最好的四家企业，巨龙通信、大唐电信、中兴通讯、深圳华为被并称为"巨大中华"。1998年，华为销售收入89亿元，规模最小的大唐也达到了9亿元。这其中除了华为之外，其他三家全部都是国有企业。

思考：任正非的创业故事给你什么启示？

一、企业的法律形态

创业者在创办企业的选择上往往会有一些困惑，如果有1万元创业资金，能成立一个企业吗？成立一个什么性质的企业？找人合伙，那么责权利怎么分配？出现纠纷怎么办？能成立一个有限责任公司吗等。如果对各类企业的法律形态有一个系统的了解，那么你将能够为自己的企业选择一种最恰当的法律形态。

什么是企业的法律形态呢？一般情况下，就是指企业的组织形式，即企业经营的形态和方式。它主要涉及3个方面。

1）资金来源，即由谁投资的问题（根本因素）。

2）分配利润、承担风险（本质内容）。

3）运用资金、决策行为（企业的组织关系）。

我国民营企业的法律形态有多种，适合微小型企业的有个体工商户、合伙企业、有限责任公司和个人独资企业。

二、各类企业法律形态的特点

1. 个体工商户

个体工商户是非法人企业，其特征见表7-1。

表 7-1 个体工商户特征

业主数量和注册资本	成 立 条 件	经 营 特 征	利润分配和债务责任
① 业主是一个人或家庭； ② 无资本数量限制	① 要有相应的经营资金； ② 要有经营场所； ③ 要起字号	① 资产属于私人所有； ② 业主既是所有者，又是劳动者和管理者	① 利润归个人或家庭所有； ② 由个人经营的，以其个人资产对企业债务承担无限责任； ③ 由家庭经营的，以家庭财产承担无限责任

知识链接 7-1

个体工商户申请开店的基本条件

1）可以从事个体经营的人员。

① 城镇待业人员。

② 农村村民。

③ 辞职、退职人员。

④ 离休、退休人员。

⑤ 留职、停薪人员。

⑥ 企事业单位富余人员。

⑦ 机构改革分流人员。

⑧ 其他无固定职业人员。

2）不能从事个体经营人员。

① 党政机关、企事业单位在职干部、职工。

② 未满十六周岁的少年和在校学生。

③ 被法院判处有期徒刑监外执行或保外就医期间内的犯罪分子。

④ 传染病、精神病患者。

⑤ 无经营能力的人。

⑥ 国家规定不允许从事个体经营的其他人员。

符合规定者，可到所在地工商行政管理机关按其规定申请《营业执照》。领取《营业执照》后，可凭它开立银行账户，申请贷款。

2. 个人独资企业

个人独资企业是非法人企业，其特征见表 7-2。

表 7-2 个人独资企业特征

业主数量和注册资本	成 立 条 件	经 营 特 征	利润分配和债务责任
① 业主是一个人； ② 无资本数量限制	① 投资是一个自然人； ② 有合法的企业名称； ③ 有申报的出资； ④ 有必要的从业人员； ⑤ 有固定的生产经营场所和生产经营条件	① 财产为投资人个人所有； ② 业主既是投资者，又是经营管理者	① 利润归个人所有； ② 投资人以其个人资产对企业债务承担无限责任

3. 合伙企业

合伙企业是非法人企业，其特征见表 7-3。

表 7-3 合伙企业特征

业主数量和注册资本	成立条件	经营特征	利润分配和债务责任
① 业主两个人以上； ② 无资本数量限制	① 有两个以上的合伙人，并且都依法承担无限责任； ② 有书面合伙协议和实际出资； ③ 有合伙企业的名称； ④ 有经营场所和从事合伙经营的必要条件	依照合伙协议，共同出资，合伙经营，共享收益，共担风险	按照合伙协议分配利润，并共同对企业债务承担无限连带责任

4. 有限责任公司

有限责任公司是非法人企业，其特征见表 7-4。

表 7-4 有限责任公司特征

业主数量和注册资本	成立条件	经营特征	利润分配和债务责任
① 由 50 个以下的股东共同出资设立； ② 以经营或商品批发为主的 50 万元；以商业零售为主的 30 万元；科技开发、咨询、服务性公司为 10 万元；以 1 人注册的为 3 万元	① 股东符合法定人数； ② 股东出资达到法定资本最低限额； ③ 股东共同制定公司章程； ④ 有公司的名称并建立相应的组织机构； ⑤ 有固定的生产经营场所和必要的生产经营条件	① 设立股东会、董事会和监事会； ② 由董事会聘请职业经理管理公司经营业务	① 股东按出资比例分配利润； ② 以出资额为限承担有限责任

三、企业的法律形态对企业产生的影响

企业的法律形态对企业产生的影响主要表现在以下几个方面：①开办和注册企业的成本；②开办企业手续的难易程度；③寻求贷款的难易程度；④业主的财务风险；⑤寻找合伙人的可能性；⑥企业的决策程序；⑦利润所得税。

四、选择合适的法律形态

1）创业者选择自己的法律形态时，要从以下 4 个方面认定：①业主数量和注册资本；②成立条件；③经营特征；④利润分配和债务责任。

2）创业者在选择自己企业的法律形态时，要考虑主要因素：①企业的规模；②行业类型和发展前景；③业主或投资者的数量；④创业资金的多少；⑤创业者的理念（倾向个人决策还是协商合作）。

要注意的是，如果要创办有限责任公司或规模较大的合伙企业，最好还要聘请律师以得到更专业的一些法律方面的建议。

五、企业法务

公司从成立到发展到死亡，可能经历一年，十年或上百年。企业每一笔交易，从聘任、采购、销售到融资、上市都是需要法务或律师参与的，目的是让交易风险更低，如果发生争议，法律的天平也会倾向创业者这方。初创期企业资源、交易规模和人员数量相对大企业较少，面对的交易风险也相对较低，但是小小的风险也可能让初创企业结束它年轻的生命。所以，我们一定要让初创期企业法律风险降到最低。

一般情况下，企业在设立、融资并购、知识产权、业务运营、劳动期权等方面会涉及法律问题，甚至会有独立的争议诉讼，它可能发生在以上任何一部分。

1. 重大交易

不论企业大小，如果有涉及资金量大的项目、买卖、融资并购、股权股份的交易，均可看作是重大交易。这些交易对双方来说都是不容有失的。从法律角度来说，就是如何通过合同保护自己一方的利益。所以重大交易的交易双方往往会分别聘任律师，开展谈判，敲定合同。如果其中一方没请律师，或者请的律师没有对方请的有经验，那么合同权利很可能倾向一方。在商业中，这也是律师价值最大的体现。

2. 诉讼

对企业来讲，诉讼的起源，与约定有关，而其中大部分与不严谨的约定有关。企业运作过程中，有各种约定，重要程度不同，约定的复杂程度也不同。对于初创期企业，公司设立，公司治理和劳动关系都是相对简单的，甚至业务运营，都可以自行解决。随着公司的发展，员工数量越来越多，企业业务量越来越大，公司治理，劳动关系，业务运营往往需要法律支持，降低公司的法律风险，这些称为公司日常法务工作，可以外包给律师事务所。

一旦企业涉及诉讼，复杂的法律程序，证据搜集，证词撰写等非常麻烦，一般都会交给专业律师解决。在实际操作过程中，初创企业卷入诉讼，往往建议企业，先谈判和解，如果能用较少的时间和精力达成和解，对于企业发展是非常有益的。在中国现在的法制环境下，一旦发生诉讼，又不能庭下和解的，我们建议选择当地律师，这样会更为顺畅的走完司法程序。

知识链接 7-2

与企业相关的法律

国家制定的各类法律、法规是规范公民和企业经济行为的准则，具有权威性、强制性、公平性。依法办事是公民和企业的责任。

1）与新办企业相关的基本法律包括企业法、民法通则、合同法、劳动法。

2）与企业相关的其他法律包括会计法、税收征收管理法、消费者权益保护法、反不正当竞争法、保险法、环境保护法。

案例思考 7-1

蔡达标的兴衰，创业者引以为戒

蔡达标是双种子公司和真功夫创始人之一，曾任真功夫董事长兼总裁。2009 胡润餐饮富豪榜第 9 名、2008 胡润餐饮富豪榜第 4 名、2007 胡润餐饮富豪榜第 6 名。2011 年 4 月 22 日，蔡达标因涉嫌经济犯罪被捕。2012 年 8 月 31 日，天河区人民法院依法公开审理蔡达标职务侵占罪、挪用资金罪、抽逃注册资本罪一案。法院认定蔡达标职务侵占罪、挪用资金、抽逃注册资本罪罪名成立，判其有期徒刑 14 年，没收个人财产 100 万元。

蔡达标事件经过如下。

1）1990 年，潘宇海在东莞长安设立了“168 甜品屋”，独自经营，在当地渐有名气。

2）1994 年，蔡达标夫妇经营的五金店倒闭，潘宇海拿出“168 甜品屋”50%股份吸收蔡达标、潘敏峰夫妇加盟，将“168 甜品屋”更名为“168 蒸品店”，与姐姐、姐夫一同经营。

3）1997 年，“168 蒸品店”攻克了中餐工业化生产的标准化难题，更名为“东莞市双种子饮食有限公司”，开始走上连锁扩张之路，潘宇海担任法定代表人，执行董事、总经理。

4）2004 年，双种子公司确定了企业的总体发展战略，并正式确定品牌名称为“真功夫”，企业开始面向全国发展。

5）2006 年，企业开始酝酿未来上市计划，在与风险资本接触过程中，蔡达标聘请的不良法律顾问人员告知蔡股权平等不利于其控制公司，暗示其应设法控股。

6）同年，蔡达标与潘敏峰秘密离婚，骗取潘敏峰全部股权。法律专家告知蔡达标离婚协议一年内仍存在被撤销可能，蔡达标又以公开离婚消息会对子女成长、对真功夫品牌造成不利影响为由，要求潘敏峰封锁离婚消息。

7）2007 年，真功夫公司引进风险投资，为进行股份制改造和上市做准备。蔡达标借机以“去家族化”为名，逐渐将潘宇海系人马全部铲除，改由其妹夫、妹妹、弟弟和司机等掌控公司的采购、供应和财务大权。

8）2008～2009 年，蔡达标秘密制订“脱壳计划”，开始有计划地通过转移公司资产和关联交易方式，大肆侵吞公司财产。

9）2009 年，潘宇海委派公司管理人员的权利被剥夺，持有公司股份的潘家连公司的门也进不去。

10）2009～2010 年，蔡达标通过设立个人独资公司东莞赢天投资公司，利用从公司窃取的资金以 1 亿元人民币价格反向收购风投所持公司股份，企图绝对控股。

11）2009～2010 年，公司状况每况愈下，经营停滞，公司股东要求看账和召开董事会，被蔡达标拒绝。

12）2010 年，由于蔡春媚等人在采购上的腐败，直接导致“排骨门”事件爆发，对公司形象和经营造成巨大伤害。

13）2010 年 2 月，广州天河法院对于股东要求履行公司知情权诉讼作出判决，要求蔡达标将财务资料提供给股东进行审计；蔡达标不服上诉，2010 年 8 月，广州中院终审判决维持原判，司法审计开始，发现大量违法犯罪事实，并向司法机关报案。

14）2011 年 3 月 17 日，广州市公安局经过长期、周密的调查，在掌握充分证据后，正式对蔡达标等人涉嫌职务侵占罪、挪用资金罪的涉案人员采取强制措施，蔡达标袭警潜逃，其他涉案人员归案。

15）2011 年 4 月 22 日，蔡达标在厦门落入法网，被依法逮捕。

16）2012 年 8 月 7 日，天河区人民检察院做出了天检公刑诉【2012】1216 号《起诉书》，依法将蔡达标、李跃义、蔡亮标 3 名主犯及洪人刚、丁伟琴两名从犯以涉嫌职务侵占罪、挪用资金罪、抽逃注册资本罪等犯罪嫌疑，向天河区人民法院提起公诉。

17）2012 年 8 月 31 日，天河区人民法院依法公开审理蔡达标职务侵占罪、挪用资金罪、抽逃注册资本罪一案。

思考：蔡达标的经历给了你什么启示？

创业行动

找一家你认识的，或者你周围的一家小企业，可以请父母、亲戚、朋友推荐，与该企业主进行访谈，了解该企业主的名字、企业地址、创业时间、最初创业资金、企业法律形态、选择该法律形态的原因、有无享受到政府相关部门相应的优惠政策和措施。然后对采访的企业主表示感谢，并把采访的内容写下来。

1）企业主：____________________

2）企业地址：____________________

3）创业时间：____________________

4）最初创业资金：____________________

5）企业法律形态：____________________

6）选择该法律形态的原因：____

____

7）享受到政府相关部门相应的优惠政策和措施：____________________________

____

第八章

企业人员及组织机构

第一节　企业人员组成

创业航标

成功者说

在大学毕业准备出国的那段日子里，我也有过在一间小广告效果调查公司里工作的经历。谁能说几个月枯燥的调研工作，对十几年后我做大搜索引擎产业不是一种有效的积累？

所以，人生是可以走直线的，这条“直线”在自己心中。但我们的妥协、分心和屈从让我们往往偏离了原来的轨道，浪费了很多时间。信念是强大的，一定要做自己喜欢并且擅长做的事，不要跟风，这就是我给大家的建议。

——李彦宏

成功者介绍

李彦宏，百度公司创始人、董事长兼首席执行官。早年留学美国，1999 年与好友徐勇共同创建百度。2005 年 8 月，百度在美国纳斯达克上市。作为百度公司最大股东他曾 3 次问鼎中国富豪榜榜首。2012 年因百度市场份额下降股票市值缩水，李彦宏以资产 510 亿元位列福布斯中国富豪榜第二位。

成功者的故事

李彦宏自述回国创业那些事

百度的创业过程到今天为止已经快 13 年了，中间经历了各种各样的困难，每一年大概都有一两次会觉得这个事情太难了，真的做不下去了，这道坎如果过不去的话，这个公司就要完了，但最后每一次这样的事情都挺了过来，都顺利度过了。

最重要的原因是我心中还有一个理想，还想让更多的人从我所做的东西中受益，让人们更便捷平等地获取信息、找到所求。理想对一个人来说是非常重要的，我们来学管理，它的本质不是一个人完成一个理想，而更多是跟一群志同道合的人一起完成一个理想。就像奎尔奇教授提到的，在百度，大家相互协作，为了共同的理想做成一件了不起的事情。学管理也要学这个，学习怎么样不仅仅靠自己，而是靠更多人一起把一件事情做成，做成一件伟大的或者说更伟大的事情。

除了理想之外，我觉得更重要的是人，怎样让每一个身边的人、团队里的人、上级下级一起为一个共同的理想做成一件事情，这是我觉得作为管理者最需要去认真思考的。百度开始成立的时候，我偷懒，说将来可以找一个 CEO，他是职业经理人，懂得所有管理。而我是一个技术男，做我的产品和技术就好了，所以百度创立的头 5 年，公司是没有 CEO 的，我的职位过去一直是总裁。一直到 2005 年，公司要上市，律师开始写招股书的时候问董事长和 CEO 是谁呢？后来没办法只好把我放上去了，即使这样我还有一个幻想，我应该只管三个人，一个 CTO、一个 COO、一个 CFO，剩下的人全部让他们管，在百度上市之前我也的确实现了这样的组织架构。后来发现不行，有些事情我不管会出问题，有些高管因为各种原因也离开了，现在直接向我汇报的人有七八个，我放弃了原来什么都不管就能做成事的想法。

同时，这么多年除了对于技术和产品继续的执着之外，我也在不断琢磨人的问题。百度的人才理念是招最优秀的人、给最大的空间、看最后的结果、让优秀的人脱颖而出。当人足够多的时候，一定要让优秀的人和不优秀的人，努力的人和不努力的人，有激情的人和没有激情的人区别开来，只有公司有这样的文化和环境才能真正让那些有能力、有贡献的人有施展的机会，所以，这是从人的角度来讲，实现理想需要思考的一些问题。

思考：李彦宏的自述中，你觉得他是一位什么样的人？你能从中学到什么？

企业的“企”字，上面是一个人，下面是止。这说明了如果没有人，企业也就停止运营了。只有人在了，企业才能持续下去；如果人越来越多，那么企业的规模就越大，效益也就越好。

一般情况下，企业里人员的组成有企业主（老板）和员工，如果是合伙企业，那么就包括合伙人，根据业务的情况，有些企业还会聘请业务顾问。所以企业主要面临选人、教人和管人的工作。

一、企业主

创业者是一个企业的决策者、督导者、执行者、沟通者，面对企业运营中需要完成的各种事情，必须根据各项工作内容的特点分设岗位，招聘不同的人来完成。所以企业主要做以下一些事情：构思列出所有工作内容、做出用人计划、考虑用人成本、确定岗位职责、技能要求、选择招聘途径、解决人员来源、对员工要适当培训以及落实工资报酬、定岗定薪等。

面对人员管理的问题，企业主还要建立制度，因为制度会说话，而且一视同仁，效率高。通过相关制度，员工将确切知道企业需要他们做什么，作为经理，可以用其衡量员工的工作绩效。

拓展阅读 8-1

李彦宏在浙江大学“技术让梦想更伟大，李彦宏与你面对面的活动”中的对话（节选）

主持人：百度现在已经发展成有 2 万多名员工的公司了，您作为 CEO 平常的工作状态时什么样的，大家肯定和我一样特别好奇，您在公司里面是怎样的形象？我搜集了几张 Robin 在公司里面形象的照片，我们一起来分享一下。先来看第一张，这张照片非常有名，可能很多人都见过，当时在微博也都很火，就是李彦宏请全百度的员工吃鸡翅。因为百度工程师们有一个规矩，他们在发邮件的时候一定要给邮件加上标题，因为技术部每天要收上百封邮件，如果不加标题的话那么很容易遗漏一些重要的信息，所以如果有人发邮件没有加标题就要请收邮件的人吃鸡翅，这是一个规矩。当天 Robin 给全体员工发了一封没有标题的信，所以导致他要请百度两万名员工吃鸡翅。是这样吗？

李彦宏：是这样的，如果不出这件事情，我都不知道百度有多少员工。这件事情也比较凑巧，因为百度是个上市公司，而且是在美国上市的，所以从上市这么多年我们形成了一个习惯，就是在发财报的时候是在美国股市闭市之后，一般现在的话就是在北京时间的凌晨四点半，美国纳斯达克闭市，闭市之后我们立刻会发一篇新闻通稿，讲我们过去一个季度业绩，与此同时，我会给全体员工发一封邮件，也是中文和英文有一个对照，讲一讲过去一个季度的情况。那么每次都是很早就起来，起来了要处理很多东西，要准备马上到来的 conference call，回答华尔街各个投行的分析师的问题，要做很多准备，还要看外媒的报道，包括美国的媒体怎么反应。所以很多事儿，其中一件事就是给全体员工发邮件，讲一下过去一个季度的财务状况，这个因为是事先准备好的，我直接做一个附件就发了，那个时候不是很清醒，就忘了加标题。但同时我也忘了，我还被认为是一个工程师。公司的这个规则是只适用于工程师的，这是技术部门多年来形成的一个规则，为了提升效率，不能不写标题，所以发出去之后就被逮了个正着。

二、员工

当你设置了不同的岗位，需要招聘员工时，不仅要看他们的技能，还要看他们的态度，你可以采取下列方法提问应聘人员。

1）你原来在哪里工作，具体做什么工作？

2）你为什么想来本企业工作？

3）你希望得到什么职位？

4）你认为你有哪些长处和弱点？

5）你怎么支配业余时间？有什么兴趣爱好？

6）你喜欢和别人在一起工作吗？当有人对你态度不好时，你会怎么反应？

通过面试来了解员工是否胜任你的岗位职责，以保证企业能够更好的运营。当然，在计划招聘员工的时候，你要考虑你要从哪里找员工、通过什么方式来招聘、以及怎么样来留住员工。

员工聘用后，企业要对员工进行企业文化、职业道德和态度、企业制度、工作流程和要求等方面的培训，使员工能够根据企业的需要去发挥他们的主观能动性，为企业做实事、创造价值。

三、合伙人

一般情况下，当企业缺少资金、缺少技术技能、没有销售能力、缺少渠道、缺乏管理能力等情况下，可以找合伙人共同经营企业。

合伙一般有三大优势：增强资金实力、分工合作技能互补、增强信心分担责任。但是合伙的情况也存在三大劣势：利益分割、意见不统一延误决策时机、合伙人破产债主有权取得合伙企业中的份额等。所以要慎重选择合作伙伴。

拓展阅读 8-2

周鸿祎：最好的创始团队只要两个人！最多三人行

很多人问我，创业初始团队里有几个创始人合适？我创业过几次，也投资过很多创业公司，我建议两到三人是最好的组合。

美国的大片里的超人、蜘蛛侠都是孤胆英雄，而中国的故事里有“七侠五义”，有“桃园三结义”，甚至有“梁山一百单八将”，讲的都是几个志同道合的朋友，一帮人，合作办成一件大事。那么，是一个非常牛的人带领强大的团队，像“秦扫六合”一样，完成一个开创性的成功?还是让更多的人组成一个“史上最牛团队”来打天下?在我看来，第一种难度不小，因为世界上这种英雄难见其踪。第二种往往人多嘴杂，很难形成合力。因此，应该在中间找一个平衡。

1）一个孤胆英雄，一个人独揽大局，就算他再强，但总是“一言堂”，一个人的决策难免有失偏颇，这种团队也很难成功。就像一部电影，其他人都是跑龙套的，也没有好的导演编剧来配合，就一个明星，那么他浑身是铁也打不了几根钉子，肯定拍不出好电影。

2）是不是人越多就越好呢?有七八个联合创始人。这就会走向了另一个极端，也不利于企业的发展。因为这种团队往往会面临两个不能忽视的重要问题:

第一，一加一并不大于二。这种团队，往往是把很强的人绑在一起。敢于去创业的人，一般胃口都比较大，比较自我，不能形成合力。但是就像足球比赛一样，全都是大牌球星，但互相之间谁也不服气，唯一的结果就是输球。

第二，意见难以统一。情侣之间、夫妻之间，刚开始的时候都是柔情蜜意，但是这个蜜月期一过，各种各样的问题都出现了。创业也是这样，斗志昂扬的初创期之后，公司会遇到越来越多的问题，是往左走还是往右走；是要张三的投资，还是要李四的融资；产品应该是这么做，还是那么做；这是每个企业必经的成人礼。就算大家在为了同一个梦想走到一起，但是在这些琐碎的小事上，大家的利益点，实际上是不一样的。

这时候如果创始人太多，沟通成本就会太高。意见过于不一致，缺乏一个主心骨，冲突就会越来越多。最后很有可能分崩离析，每个人都去做一个自己的公司。就像一部老电影《大浪淘沙》里讲的，6 个好兄弟一起投身革命，但最后只有几个人坚持了理想，有人当了逃兵，有人叛变了。

所以我觉得好的创始团队，应该有两个人，最多不能超过 3 个。两三个人之后再有一个很强大的工作团队来支撑。硅谷的很多企业都是这么做的，雅虎的创始人是杨致远和大卫费罗，谷歌、微软、苹果的创始人也都是两个。两三个人的沟通成本比较低，既避免了一个人的独断专行，也更容易拧成一股绳，形成合力。

这两到三位创始人，最好在性格上和为人处事的方式上能形成一个互补。有人强势一点，有人温柔一点；有人张扬一点，有人内敛一点。如同他们能有相似的价值观就更好了。这就是所谓的“君子和而不同”。但是如果两个人都是火暴脾气，就跟两夫妻似的，每天“针尖对麦芒”，肯定也会打架。

四、顾问

一个人的知识和能力是有限的，在企业正常经营和管理中，企业主将会遇到很多困难，这时候需要有人给你出点子，并且帮助你摆脱困境或者是抓住和利用机遇，顾问可以是企业主很好的选择，他可以是企业主常年聘请的、临时雇佣的、甚至是免费的，如你的税务亲戚、律师朋友、银行同学等。

一般情况下，行业的专家、会计师、银行信贷员、律师、咨询顾问、政府工作人员等都可以成为企业的顾问。

创业行动

结合你要创办的企业，假设企业正式运营后，你认为你企业的事情多吗？如果不多，一个人可以全部完成，但如果多，根据工作内容，把你没有时间做但可以腾出来让别人来帮你完成的事情列出来，并计划需要聘请的员工。还要思考通过什么途径和方式去招聘员工？静下心，仔细思考后，把你想的写下来。

第二节　企业的组织机构

创业航标

成功者说

如果是你想干的事情，在别人看起来可能是很难的一件事，不过你自己很喜欢，你不会觉得很苦。

我开始创业那会是 28 岁。对我来讲，我创业的目的不是为了自己当老板，我希望有一个平台，有一个环境，我可以控制一些资源，让我去创造一个新的产品和服务。

——周鸿祎

成功者介绍

周鸿祎，奇虎 360 公司创始人、董事长，互联网风云人物之一。周鸿祎 1998 年创建 3721 公司，2003 年被雅虎收购并担任雅虎中国区总裁；2006 年 3 月创建奇虎公司，并出任董事长。2011 年 3 月 30 日奇虎 360 在美国纽约交易所上市，股票代码 QIHU。此外，周鸿祎成立了天使投资基金，帮助更多互联网创新企业发展。

成功者的故事

周鸿祎和 3721

1998 年，年轻的周鸿祎思考着：互联网必将改变每个人的工作和生活，但 WWW 英文地址却成为中国老百姓上网的一道屏障，也让众多中国企业的网站因此丧失商机，于是提出了“中文上网”的理念。也因此，周鸿祎辞职注册成立了北京因特国风网络软件科技开发有限责任公司（以下简称 3721），带着几个程序员和大学生，在中关村租了一个简陋的两居室民房开始投入网络实名业务的开发。他坚信一个企业要在中国做成功，就要适合中国国情。

“不管三七二十一，越简单越好。让大家上网不管什么高科技、互联网，只要简单，能敲上中文就可以了。这些综合在一起就起了 3721 这个名字。”

在那简陋的两居室里，周鸿祎和他带来的几个程序员白天在电脑中间忙活，晚上就把电脑搬下来拼桌子当床睡。

半年之后的 1999 年 6 月 8 日，3721.com 和产品终于问世。第二天，周鸿祎就接到了 IDG（美国国际数据集团）打来的电话，并被 IDG 风险投资人王功权约见。两个小时后，IDG 就决定向 3721 投资几十万美元的种子资金。

2000 年 2 月，3721 入围“亚洲杰出网际网络服务供应商”奖；2001 年 5 月，在条件成熟的情况下，3721 开始向原来免费的企业收费。这个市场的潜力之所以大，就是因为在中国有着超过 1000 万家的企业，即使为其中的 1/10 提供服务，市场就相当可观了。果然，5 个月后，3721 实现盈亏平衡，而且收入增长异常强势。

2002 年 4 月 22 日，日本第一大风险投资商 JAFCO，将近 1000 万美金投给了 3721。2002 年 11 月，3721 与微软的全面战略合作协议签署。至此，3721 的终端用户覆盖率已经升至 90%以上。

2003 年 11 月 21 日下午，全球互联网第一品牌雅虎以现金 1.2 亿美元收购香港 3721 网络软件技术有限公司的股权，并与北京 3721 科技有限公司结成技术同盟。

通过这场并购，周鸿祎一举将雅虎在中国区的运营权纳至麾下，并获得了其搜索技术授权、全球通路以及产品代理资格；作为交换条件，雅虎则将 3721 的渠道、人才、流量等资源轻松揽入怀中，由此开始改写在中国市场无所作为的历史。

思考：周鸿祎的创业故事给了你什么启示？

一、企业组织机构

企业因为工作的需要，会开设不同的部门，在部门内设置相应的岗位，这就是企业组织机构，如图 8-1 所示。

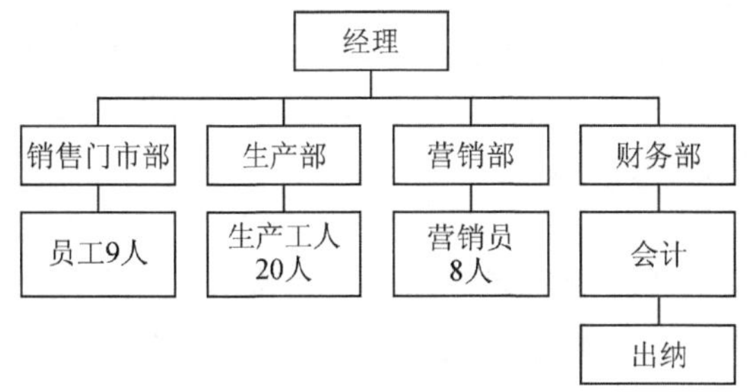

图 8-1　某公司组织结构

二、岗位设置

企业根据工作的需要，设置了岗位之后，会明确具体的工作内容。例如，某企业会

计，其工作职责是做好每天、每月的结算、对账工作；做好相关数据、密码的保密工作；确保系统安全运行；处理好现金管理工作和各类存款服务；做好各类卡的更换服务；完成领导临时布置的工作。

知识链接 8-1

广告公司部分岗位描述

岗位名称：总台
所属部门：行政部
直接上级：副总经理
本职工作：1）来访客户的接待与记录工作。
2）办公室日常的管理。
3）必要的文秘工作。
工作责任：1）电话的接听与转接，传真的收发工作。
2）做好每次电话的记录工作。
3）公司员工的订餐与收取餐费。
4）公司卫生制度的监督，并负责公司公共场所的卫生清扫。
5）来访客户的接待与记录工作。
6）办公耗材的购买、保管与领取登记。
7）公司绿化植物的养护。
8）公司信件、报刊的收发与管理。
9）公司员工考勤制度的监督、记录。
10）公司开会、聚餐、活动、放假等的安排与通知。
11）公司书籍、资料、档案的存档登记与借阅管理（包括合同等文件）。
12）公司电脑、传真机、饮水机等办公设备的清洁监督，并定期通知维护公司进行维护保养。

知识链接 8-2

海底捞的组织机构设置

1. 海底捞的 14 个岗位

店长、大堂经理、后堂经理（厨房）、吧台、门迎、司机、保安、骨干员工、收货、美甲（最优秀的员工）、擦鞋（最优秀的员工）、游乐园、电工、质检员工。

2. 海底捞部分岗位分化流程

（1）门迎组

门迎组包括保安、门迎、接电话、酒水吧、收银吧、擦鞋、美甲、游乐园、打发票。

（2）服务组

服务组包括服务员、发毛巾人员、前堂保洁人员。

（3）上菜房

上菜房包括洗菜员、备菜员、上菜员、切羊肉、肥牛人员。

（4）传菜组

传菜组包括传菜员、收台人员、打汤、豆浆人员、切果盘人员、柠檬水配制人员、水果房。

3. 岗位职责

（1）发毛巾人员

1）给客人发毛巾时要面带微笑，热情大方，保证热毛巾的用量和质量。

2）顾客到桌后两分钟内递给热毛巾，并称呼先生、女士，发毛巾要分清主次，动作要规范。

3）每桌每位顾客换毛巾次数不低于 4 次，顾客无特殊要求不得高于 6 次，不需要不必勉强。

4）满足顾客的合理要求。

5）顾客从身边走过时一定要让路并且打招呼。

6）对突发事件的应急处理，如打破餐具、客人呕吐等。

7）按时准备好所有的原材料和用具。

（2）保洁人员

1）拾到客人物品应及时上交。

2）欢迎顾客时目光注视对方，要以友善的话语表示欢迎，如你好、小心路滑，要让顾客感受到热情。

3）严格按照卫生标准进行。

4）满足顾客的合理要求。

5）顾客从身边走过时一定要让路并且打招呼。

6）对突发事件的应急处理，如打破餐具、客人呕吐等。

7）按时准备好所有的原材料和用具。

（3）传菜员

1）站岗之前准备好足够的干净托盘（50 块）、托盘布（50 块），并且保持托盘的卫生干净，如脏及时更换。

2）每个托盘的物品无挤压和摞叠。

3）传菜生做到六不端：标准量不符不端、颜色不纯不断、形状不符合要求不端、不熟不热不端、卫生不合要求不端、菜品不点缀不端。

4）传菜过程中应热情礼貌地招呼客人，满足顾客合理要求。

5）及时回收用后的餐具，必须做到来回不走空路。

6）保持站姿端正，认真等待端菜，穿菜时要注意安全，必须做到快走慢跑，不能撞到客人及其他同事。

创业行动

假设你已经把你企业自己不能完成的事情列出来了，而且还进行员工聘用计划。那么你现在可以根据企业的目标，结合企业的工作流程，对与不同任务的岗位及人员进行合理配置，以便于区分协调一致的行动，并形成相对稳定的科学管理体系。

为你的企业进行企业组织架构，并列出不同岗位需要的人员数量。

第九章

企业注册流程

创业航标

成功者说

如果要做成事，就必须要做好有所牺牲的准备，而自己所做的牺牲仅仅是暂时失去一个局部，但却得到了一个整体。

辛苦是肯定的，但是最后收获得到的快乐是你成功了，你把产品卖掉了。如果我作为一个好的营销员，这个产品卖不掉不能称之为好的营销人员。

——董明珠

成功者介绍

董明珠，女企业家，珠海格力电器股份有限公司董事长。董明珠的自传《棋行天下》被中央电视台改编为连续剧，在黄金档播出。

成功者的故事

在岗位上成就自己

董明珠虽然不是自己创办企业，但是她在岗位上勤勤恳恳，为企业创造了很大的价值，因而也成就了自己，这也是我们所说的广义的创业，即在岗位上成就自己的事业。下面是她在职场中成长的经历。

1990 年，36 岁的她毅然辞掉南京的工作，南下广东打工。刚开始在深圳工作，一次偶然的机会，来到珠海替一个朋友办事，感到珠海环境比深圳开阔、宁静，决定留在珠海找工作。她应聘到当时名为海利空调器厂的格力电器，成了一名基层业务员。一开始她不知营销为何物，凭借坚毅和“难缠”，连续 40 天追讨前任留下的 42 万元债款，成为营销界茶余饭后的经典故事。

1992 年，凭着勤奋和诚恳，董明珠在安徽的销售额突破 1600 万元，占整个公司的 1/8。随后，被调往几乎没有一丝市场裂缝的南京。隆冬季节，神话般签下了一张 200 万元的空调单子。一年内，个人销售额上蹿至 3650 万元。

1994～1995 年，任珠海格力电器股份有限公司经营部部长。

1996～1997 年，任珠海格力电器股份有限公司销售公司经理。

1997～2001 年，任珠海格力电器股份有限公司副总经理。

2001～2006 年，任珠海格力电器股份有限公司总裁。

2006～2012 年 5 月，任珠海格力电器股份有限公司副董事长、总裁。

2012 年 5 月，格力电器宣布，公司总裁董明珠正式被任命为格力集团董事长。

思考： 董明珠的经历给了你什么启示？

确定了创业项目之后，就要开始注册企业了。一般情况下，各种法律形态的企业创办程序大致一致：到工商局领取一张企业（字号）名称预先核准申请表，填写你准备领取的公司名称，由工商局上网（工商局内部网）检索是否有重名，如果没有重名，就可以使用这个名称，然后发一张企业（字号）预先核准通知书。

下面我们以合伙企业为例来分析创办企业的总体流程，如图 9-1 所示。

办理机关：工商局	企业名称预先登记	办理时限：5 个工作日
提交材料：名称预先登记申请书（文件 1，内含投资人授权委托意见）、经办人身份证原件		

办理机关：工商局	注册登记	办理时限：10 个工作日
提交材料： ①《企业设立登记申请书》（文件 2）； ② 全体合伙人的身份证明或主体资格证明； ③《指定（委托）书》（文件 3）； ④ 合伙协议（文件 4）； ⑤ 全体合伙人对各合伙人认缴或者实际缴付出资的确认书（文件 5，以实物、知识产权、土地使用权或者其他财产权利出资，由全体合伙人委托法定评估机构评估作价的，还应提交法定评估机构出具的评估作价证明）； ⑥ 合伙执行人代表委派书（文件 6，仅在合伙人为单位的情况下适用）； ⑦《企业名称预先核准通知书》（内容应包括投资人名录）； ⑧《企业秘书（联系人）登记表》（文件 7）； ⑨ 负责人承诺书（文件 8）； ⑩ 合伙人为外商投资企业（不含外商投资的投资性公司），合伙企业申请的经营范围涉及《外商投资产业指导目录》中限制类的，还应提交商务部门的批准文件； ⑪ 经营范围涉及前置许可项目的，应提交有关审批部门的批准文件		

办理机关：公安局	刻制印章	审批时限：2 个工作日
提交材料：营业执照、法定代表人、经办人身份证原件及复印件到公安局审批后，由公安局指定刻章单位刻制印章		

办理组织机构代码证书		统计登记（如需）
办理机关：质量技术监督局 办理时限：3 个工作日	→	办理机关：统计局 办理时限：即时
提交材料：营业执照、公章		提交材料：营业执照、公章、建设项目批准文件等

图 9-1 有限合伙企业创办总体流程

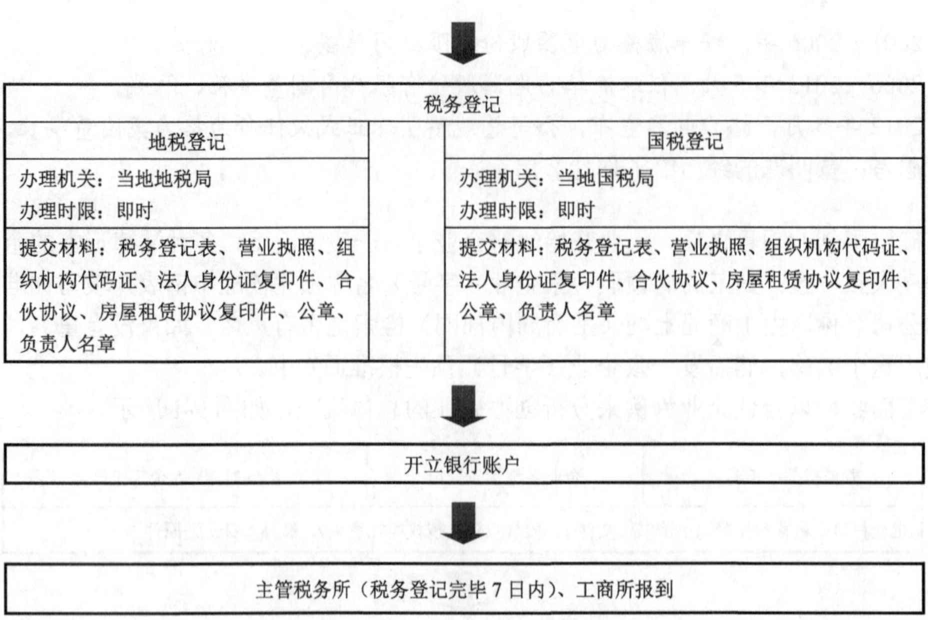

税务登记	
地税登记	国税登记
办理机关：当地地税局 办理时限：即时	办理机关：当地国税局 办理时限：即时
提交材料：税务登记表、营业执照、组织机构代码证、法人身份证复印件、合伙协议、房屋租赁协议复印件、公章、负责人名章	提交材料：税务登记表、营业执照、组织机构代码证、法人身份证复印件、合伙协议、房屋租赁协议复印件、公章、负责人名章

开立银行账户

主管税务所（税务登记完毕7日内）、工商所报到

图 9-1　有限合伙企业创办总体流程（续）

总体上，整个申办程序分办事程序和登记程序两种类型，办事程序为咨询—领表—登记—领照；登记程序为受理—审查—核准—发照。登记时所依据的法律文件为《中华人民共和国合伙企业法》和《中华人民共和国合伙企业登记管理办法》。

知识链接 9-1

财政部国家税务总局关于调整个体工商户个人独资企业和合伙企业个人所得税税前扣除标准有关问题的通知

财政部国家税务总局关于调整个体工商户个人独资企业和合伙企业个人所得税税前扣除标准有关问题：

1）对个体工商户业主、个人独资企业和合伙企业投资者的生产经营所得依法计征个人所得税时，个体工商户业主、个人独资企业和合伙企业投资者本人的费用扣除标准统一确定为 24 000 元/年（2 000 元/月）。

2）个体工商户、个人独资企业和合伙企业向其从业人员实际支付的合理的工资、薪金支出，允许在税前据实扣除。

3）个体工商户、个人独资企业和合伙企业拨缴的工会经费、发生的职工福利费、职工教育经费支出分别在工资薪金总额 2%、14%、2.5%的标准内据实扣除。

4）个体工商户、个人独资企业和合伙企业每一纳税年度发生的广告费和业务宣传费用不超过当年销售（营业）收入 15%的部分，可据实扣除；超过部分，准予在以后纳税年度结转扣除。

5）个体工商户、个人独资企业和合伙企业每一纳税年度发生的与其生产经营业务直接相关的业务招待费支出，按照发生额的 60%扣除，但最高不得超过当年销售（营业）收入的 5‰。

创业行动

你为你的企业取了名称吗？你知道这个名称在我们国家内是否已经有人注册？你在去工商部门申请营业执照前，工商部门将需要你进行企业名称的预先核准申请。为了以防你的企业名称已经被注册，在你进行名称预先核准前，你要为自己的企业多取几个名称。名称的选择要有意义、容易被记住、与你的企业提供的产品和服务要有一定的联系。企业名称预先核准申请书见表 9-1。

表 9-1　企业名称预先核准申请书

<table>
<tr><td>申请企业名称</td><td colspan="2"></td></tr>
<tr><td rowspan="3">备选企业名称
（请选用不同的字号）</td><td colspan="2">①</td></tr>
<tr><td colspan="2">②</td></tr>
<tr><td colspan="2">③</td></tr>
<tr><td>经营范围</td><td colspan="2">许可经营项目：
一般经营项目：
（只需填写与企业名称行业表述一致的主要业务项目）</td></tr>
<tr><td>注册资本（金）</td><td colspan="2">（万元）</td></tr>
<tr><td>企业类型</td><td colspan="2"></td></tr>
<tr><td>住所所在地</td><td colspan="2"></td></tr>
<tr><td colspan="2">指定代表或者委托代理人</td><td></td></tr>
<tr><td colspan="3">指定代表或委托代理人的权限：
① 同意□　不同意□　核对登记材料中的复印件并签署核对意见；
② 同意□　不同意□　修改有关表格的填写错误；
③ 同意□　不同意□　领取《企业名称预先核准通知书》</td></tr>
<tr><td colspan="2">指定或者委托的有效期限</td><td>自　　年　　月　　日至　　年　　月　　日</td></tr>
</table>

第十章

创业计划书

创业计划书的基本情况

成功者说

理想是成功的一个开端，所谓发乎其上，得乎其中吧。就像端了一杯水，磕磕碰碰洒了一点，总还有半杯。如果一开始就是半杯，洒一点就没有了。

所谓最受尊重，就是要把房子建得比别人更专业；至于最受信任，就是言必信、行必果，忠于你的承诺，才能够真正变成你的品牌。

——吴亚军

成功者介绍

吴亚军，高级经济师，全国人大代表、重庆市工商联（总商会）副会长、重庆市总商会房地产商会副会长，曾从事过机械工程师、记者、编辑等工作。她曾历任重庆龙湖地产总经理、董事长。2005 年 9 月内部机构改组成立龙湖集团，辞去兼任的所有区域公司总经理之职，任集团董事长兼总经理，是《福布斯》杂志发布的 2011 年全球富豪排行榜大陆女首富。

成功者的故事

我就是一个做事的人

龙湖集团首席人力资源官房晟陶说，吴亚军是具有职业经理人气质的企业家，在很多民营企业里，老板基本上都是至高无上的，而在龙湖，吴亚军是可以批评的。

吴亚军有一个口头禅“我就是一个做事的人。”有一次公司晚上安排高层开会，吴亚军晚到了一会，结果看到是吴亚军拄着双拐来到办公室，原因是上午吴亚军在沈阳看地，结果在土地现场给崴了脚。吴亚军并没有通知大家取消会议。

有一年龙湖公司联欢会上，除了抽奖之外，上司要向下属赠送礼物，每个上司抽取将要赠送礼物的员工。吴亚军当时刚从外地出差直接到联欢会现场，没时间准备礼物。

她当场摘下自己脖子上的项链，送给那位被抽中的物业员工。

公司上市之后，吴亚军夫妇拿出2.35%的限制性股权股份，分给公司550名有贡献的员工，作为他们该得的奖励。她认为是员工付出在先，他们的收获是应该的。

上市之后，吴亚军夫妇的身家已达300多亿港元，外界认为她超过了碧桂园杨惠妍而成为内地新的女首富，吴亚军认为那不过是纸上富贵，她说，中国会产生首富，但目前还不会产生如微软之类伟大的机构，既造福于股东、员工，也造福于人类。做那样的企业，是她真正的理想。私下里，吴亚军开玩笑说，“我就是一个愤青。”她喜欢读书，精力充沛，很多男下属都自愧不如。龙湖上市路演的8天里，管理层跟着她跑了全球6个城市，最后从索罗斯基金出来时，旁边的人都快累倒了，她还问，“我们下一站是哪里？”

思考：从吴亚军的几个小故事中，你认为吴亚军是一位什么样的人？你从她身上学到了什么？

当你真正决定要创办企业，你应该将你的关于创业的想法和将要做的工作，用白纸黑字落实下来，在书面上模拟创业，形成的文本就是创业计划书。创业计划书，就是创业的思路和工作计划，它的质量往往会直接影响到创业者的创业项目是否可行、能否获得创业资金、是否需要合作伙伴、产品和服务如何定位和推广销售、企业的组织机构和运营模式、人员组织管理、财务预算和管理等。

创业计划书的书写目的除了是给自己提供一份完整的创业工作思路和计划外，最主要的是给投资者，使他们能对企业项目做出评判以获得风险投资，或者拿到银行获得贷款。一份优秀的创业计划书往往会使创业者达到事半功倍的效果。

通常创业计划书需要包括创业者分析、企业概况、市场分析、市场营销计划分析、企业人员组成和组织机构、融资渠道、投资与财务分析、风险预测等。下面在具体分析各项指标的同时，我们将节选《心心百菜屋净菜配送公司》创业计划书的部分内容进行分析，供参考。该创业计划书曾经获得浙江省创新创业大赛一等奖。

创业者分析中，主要说明创业者的创业动机、心理素质、相关的知识能力和经验，以及创业条件的分析。

企业概况中要明确企业类型、主要经营范围，也可以写名企业经营模式、策略。例如，企业经营范围描述部分：我创办的项目是“心心百菜屋”净菜配送公司，主要从事净菜的加工、出售、配送服务，兼做营养配餐和健康饮食咨询。

市场分析中要阐明你所提供的产品和服务的对象是谁，该行业的市场发展现状和前景如何，立足于你所在的区域市场需求如何（可通过市场调查进行），你的竞争对手有多少，你和竞争对手比较你们的优势、劣势分别是什么等。市场分析的结果是让创业者明白自己要做的项目在区域内是否可行，有多大的生存空间，以此决定是否要进入。例如，目标顾客描述部分：目标市场是椒江区，主要顾客是公务员、事业单位工作人员、上班族、企业中白领阶层、做生意办企业等人群，这些人有一定的经济收入，但是大多数因工作繁忙而没时间在家里做饭，经常在外面吃。长期吃外卖的东西一方面容易吃腻，另一方面外卖的东西从卫生、质量、营养角度等来讲有所欠缺，多吃始终是对身体不利。还有从照顾小孩和老人的角度，家庭亲情氛围的加深等方面，在家庭聚餐是非常不错的选择。如何既节约时间，又能自己做适合自己和家庭口味的营养餐，这就是摆在这些人

群面前的一大问题。我们就为这些人群提供这么一个平台，只要一个电话，就可以把自己喜欢吃的菜系送到家自己烧，省去买菜、洗菜、切菜的繁重任务。而且今后还可以和超市、单位的食堂等部门联系合作。

一、产品和服务

市场营销计划分析中要阐明你所提供的产品和服务的类别是什么，有什么特色，产品的价格是多少，项目所选择的地点在哪里和项目实施的促销方法等。这部分的描述是你创业项目的核心竞争力和操作方式，是非常重要的部分。

1. 关于产品和价格

部分产品以及价格榜单见表10-1。

表10-1　部分产品以及价格单

蔬　菜　类	价格/元	海　鲜　类	价格/元
肉末茄子	3	糖醋带鱼	4
香菇菜心	2	红烧平鱼	5
干煸四季豆	2	五香鱼	5
清炒菠菜	2	清蒸鲫鱼	8
青椒土豆丝	2	鱼头炖豆腐	4

注：顾客可以在选择的菜品左边打勾，以表示需要订购的净菜产品。

2. 关于服务部分的描述

1）提供家庭营养餐咨询、根据喜好免费制定每周菜谱，免费送货上门等服务。有些家庭主妇有时会忘记买一些必需的厨房用具，所以也提供免费购买送货服务（集中在厨房用品方面）。

2）在提供的菜单后附注一些主要菜的做烧制方法和该菜的营养价值。

3）推出二人世界套餐、三口之家营养餐、周末团圆套餐等建议和菜谱，方便不同人群有选择的购买。

4）对于经常性购买的顾客，推出积分消费。

二、组织结构

企业的人员组成和组织机构中要写明。企业运营后，把需要做的工作进行分解，设立各个岗位，明确各岗位的工作内容、职责和薪酬。

1. 企业组织结构的架构

企业组织结构的架构，如图10-1所示。

2. 部分员工工作描述及薪水

部分员工工作描述及薪水见表10-2。

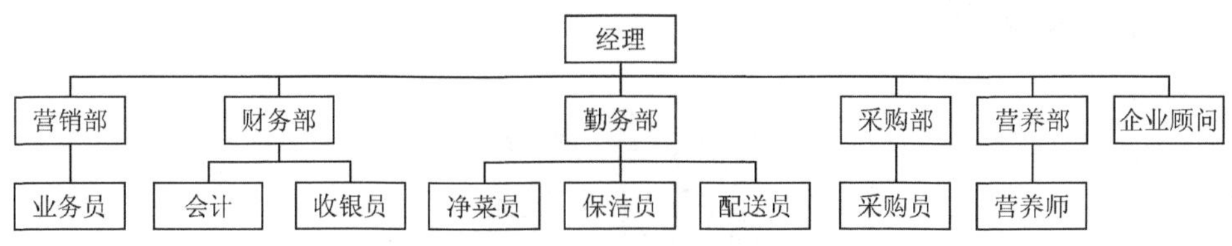

图 10-1 净菜配送企业的企业组织结构

表 10-2 员工工作描述及薪水

职务	人数/人	工作职责的描述	所需素质或技能	月薪/元
经理	1	做计划、制定目标，协调各部门工作和内部关系，制定并执行公司规章制度，能分配、落实并监督工作；负责公司与工商税务等相关部门的联系，负责解决纠纷工作	一定的经营管理能力和沟通能力，有主见、认真、果断、善于应变	3000
业务员	2	负责各类净菜的销售；到社区宣传、电话营销，寻找客户开拓业务；接待客户，回访顾客，提供优质的服务。与顾客建立和保持良好的关系，提出一些促销的建议等	认真、思路敏捷、勤快、善于与人沟通、有谈判能力、守信用	1500+提成

融资渠道中你要注明你的创业资金的来源即可。例如，创业资金来源：计划出资 10 万元，其中多年的零用钱存款有 2 万元，父母支持 8 万元。

投资与财务分析中，创业者要讲创业资金的使用类型进行分类，然后注明各类型的资金的具体使用目的和金额，对自己的资金进行预算和管理，见表 10-3。

表 10-3 企业按成本核算的流动资金需求量

项　目	月费用/元	备　注
各种菜的成本	平均次消费成本×30 天×顾客数量	每月的菜系成本
业主的工资	2 500＋效益分成	效益分成为按净利润分成
员工工资	开张初期因减少了聘用人员，控制在 6 500+效益分成或考核奖 1 200	月按工资和考核、收益分成
房屋租金	1 833.3	每月租金
营销费用	2 000	开业初期广告、促销费用
公用事业费	800	当月业绩好或节假日聚餐
维修费	300	设备维修
保险费	2 000	员工的养老保险
固定资产折旧成本费	829.16	设备按五年使用期限进行折旧
其他（水电、电话等）	1 000	备用
月流动固定最低资金合计（不包括菜的材料费）	18 962.46	按企业开张初期人员聘用量计算

创业中有很多不确定的因素，这些因素我们可以归类为创业风险预测，每位创业者都必须要有前瞻意识，对项目在市场可能遇到的风险进行预估，并采取相应措施进行规避。一般情况下，创业风险包括政策风险、技术风险、资金风险、管理风险、不可避免的意外风险（如自然灾害、火灾等）。

创业计划书还可以提到其他一些事项，如企业的三年五年规划、企业的运营管理、企业的员工成长计划等保证企业持续经营的项目，在规划时尽量做到考虑周全，使对待创业项目的视野具有发展性和前瞻性。

创业计划书案例如下。

“香人香道访”创业计划书

创 业 者：张红 徐赏赏
指导老师：张俊亮
台州市椒江职业中专

创业者介绍

● **张红**：1995年出生，国际贸易专业，班级团支书、学校礼仪队队长。

坚信：人的理想志向和他的能力成正比；人的经历多一些、能力必将强一些。

行动：努力学好专业知识、掌握专业技能；积极管理班级团员事务活动、组织礼仪队日常训练、承接并参与校内外大型会议、活动的礼仪服务，锻炼组织、沟通、协调、计划、执行等能力；利用寒暑假，到企业勤工俭学，增加工作经验，同时了解企业的运营活动，为自己今后的职业发展打下良好基础。

● **徐赏赏**：1995年出生，1128国际贸易专业，班长、学校礼仪队队员。

坚信：努力不一定有回报，但是不努力一定没有回报；今天的付出定将迎来美好的明天。

行动：学习使我掌握了专业知识和技能；班级事务工作培养了我的执行力、沟通协调能力、组织管理能力以及合作的意识；礼仪队的训练和外出礼仪服务提升了我的修养，明白了人要有品质的生活；假期到企业兼职锻炼，了解到企业实际运营情况，积累了工作经验，提升了工作能力，为今后的职业发展打下良好基础。

第一部分　选择该项目的原因

一、接触香道，产生兴趣

接触香道缘于2012年7～8月，我们到台州御道茶会勤工俭学，在企业做服务员。御道茶会是台州市首家集品茗赏艺、挥墨洽谈等多功能服务为一体的专业茶庄和文化会所。工作之余，我们学习了茶道，接触香道，觉得茶道、香道既是一种高雅的艺术，也是一种修养身心的生活方式。我们开始对香道产生了很浓厚的兴趣，并着手了解。

二、了解香道，分析趋势

经过多方的文献资料查询、相关人员访谈，了解如下。

1. 香文化历史

中国的香文化历史悠久，古人很早就把博大精深的香文化应用在日常生活中。一炷香、两杯茶，朋友聚会时闻香、品茗、弹琴、作画，案前要焚香助兴，甚至连洗澡时也有沐香的习俗。到了隋唐五代，用香的风气盛行，东西文明的融合，丰富了各种形式的行香诸法；宋元时期更是和茶道、花道、挂画并称为中国人的“四雅”；至明代，香学又与理学、佛学结合为“坐香”与“课香”，成为丛林禅修与勘验学问的一门功课；清三代盛世，行香更加深入日常生活，炉、瓶、盒三件一组的书斋案供以及香案、香几成为文房清玩的典型陈设。但清末以后，由于战乱频繁，西方文化的侵入，香道日渐退出贵族和文人的清闲生活；到如今，更是很少有人知道“香道”一词，令人扼腕。

历朝文人都有大量关于香的诗文，历代的经典著作也都有对香的描述，如李煜、李商隐、苏轼、朱熹等文人，以及《诗经》、《史记》、《本草纲目》、《洪氏香谱》和《香乘》等著作。现摘要部分诗文如下。

孟子：“香为性性之所欲，不可得而长寿。”

杜甫在《和贾至早朝大明宫》中写到：“朝罢香烟携满袖，诗成珠玉在挥毫。欲知世掌丝纶美，池上于今有凤毛。”

白居易在《后宫词》中写到：“红颜未老恩先断，斜倚熏笼坐到明。”

罗隐写到：“沉水良材食柏珍，博山炉暖玉楼春。怜君亦是无端物，贪作馨香忘却身。”

苏轼在《和黄鲁直烧香》中写到：“四句烧香偈子，随风遍满东南，不是闻思所及，且令鼻观先参。万卷明窗小字，眼花只有斓斑，一炷烟消火冷，半生身老心闲。”

王振朋画有《伯牙鼓琴图》，画中人物故事取自《吕氏春秋》一书，有诗云：“伯牙鼓琴图，香几上博山炉香烟袅袅。琴炉相伴，如同伯牙子期高山流水的友谊，惺惺相惜、引为知己。”

以上只是选取了部分历史上关于香的描述，从诗文中我们可以很深刻地感受到我国香文化悠久的历史，醇厚的底子。

2. 香的使用与功效

古人认为，一个性命相和、脏腑气血相和、品质高尚的人，体内会自然生发一种香气，因此，香气也就是一个人健康与德行的体现。这种香气被认为是天地万物的本性之香，是人们进入理想的“众香国”的先决条件。人们对众香国的向往，也正是一种对健康、幸福的追求，而且人们养生的目的就是从外在的香到本性生香（古人称为心香、性香）。

因此，从每天早上的一炉香开始，读书写字要有香；迎宾接友要有香；琴棋书画更要有香相伴。朝堂之上，庙宇之中，时刻香烟缭绕。香不仅调节环境，更重要的是它具有陶冶性情、颐养心灵、祛疫避瘟、健身化疾的功效。由此可见，香品的使用已经融入到人们生活中的各个角落。

现代的研究也显示，香确实有静心清脑、增强免疫力、预防疾病、驱除异味、净化空气、驱除蚊虫抗菌、改善呼吸道、调节内分泌及情绪、缓解压力等作用。

3. 香道

我们可以将香文化体系定位丁中国香道。香之所以成为道，是大自然芳香物质数千年来作用于人的精神生活和物质生活中，没有因朝代和政治变迁而消亡；它凝聚着民族情感、链接公共意识、展现社会再生活力、传承历史文化的生命特征，这正是道的博大精深之处，而且它能够体现中华民族的精神气质、民族传统、美学观念、价值观念、思维模式。

4. *发展趋势*

党的十八大报告指出：全面建成小康社会，实现中华民族伟大复兴，必须推动社会主义文化大发展大繁荣，兴起社会主义文化建设新高潮，提高国家文化软实力，发挥文化引领风尚、教育人民、服务社会、推动发展的作用。

我们了解到，文化产业基本属于“无污染，低消耗，高效益”的无烟朝阳产业。日本、美国等发达国家的成功经验已经告诉我们，文化产业完全可以成为支撑一个国家经济发展的支柱产业。国内许多知名文化企业的成长发展也充分证明了文化产业对国家经济发展的贡献很大。

所以，发展香文化产业是既可满足人民群众日益增长的精神文化需求，又可挖掘弘扬中国传统文化的香道文化，通过传播香道文化，培养消费者的优雅、贵族气质。从事香道文化产业是顺势而为，将有很大的发展空间。

三、弘扬文化、创业构思

1. *香道落寞之痛，弘扬文化之决心*

曾经的行香深入日常生活，但清末以来战乱纷繁，香道日渐退出贵族百姓的生活，仅存于宗教寺庙，很少有人知道。

对比之下的日本，熏香虽源于中国，但发展到今天香道有 100 多个流派，大体分为“御家流”与“志野流”（前者是贵族流派，图风雅，重气氛，香具豪华，程式繁中求柔；后者是武家流派，重精神修养，香具简朴，程式简中有刚），不仅仪式感大大增强，而且成为上流社会及市民阶层都乐于接受的修身养性的生活哲学。受日本影响较深的台湾地区，也还有少数人在研究香道。

今天，我们必须重新挖掘弘扬香文化，让国人重新认识香道，培养其修身养性的生活哲学、高雅的气质、贵族的风格，为中国传统文化产业的发展做出自己的努力。

2. *空白之台州市场，创业之绝妙构思*

现代人生活节奏快，消费水平提高，追求高雅有品质的生活，香将是非常大的需求。据了解，台州各地已普及茶道，香道则刚兴起。目前台州市还没有一个香道师，没有专业的香道场所，香制品销售和香道文化推广的市场。

香既为道，也可为业。我们有志于承古人之雅蕴，续香脉而光大。我们可以做一个传播香道文化的产业，集香制品香器的制作和销售、香道学术研究、香道表演培训、香道体验交流等多种业态为一体，整合“香”的资源，探索新商业模式。

所以我们愿意在学校毕业后参与到香道文化的传播和推广中，建立一个属于自己的香道坊。

喜欢喝茶，因而结识香。闻着时断时续的香味，看着飘飘缈缈的白烟，非常舒心和惬意。香能启迪人们的灵感，涵养身心，开启智慧，这是一种高雅的生活方式，也可以是一种创业方式，不正是我们所追求的吗？

第二部分 企业基本情况

1. 企业概况

公司名称	香人香道坊
公司类型	合伙企业
注册地址	商业街
经营范围	1）销售专业香道用具，各类檀香、沉香等香制品，香粉、香囊以及沉香檀香的手串等产品； 2）香道培训和香道制品、香道文化的咨询服务； 3）香道生活体验馆； 4）香道交流平台。

2. 产品/服务特征

（1）实体产品

1）香道用具：香炉、手炉、香斗、香筒、卧炉、熏球、香插、香盘、香盒、香夹、香箸、香铲、香匙、香囊等（造型丰富的香道用具，既是为了便于使用不同类型的香品，同时也是一些美观的饰物）。

2）香：①天然香：沉香、檀香；②化学香；③香精香（引进品牌产品，如台湾富山香堂香品）。

3）香粉：沉香粉、檀香木粉。

4）香囊：不同功效的香囊，自制（提神、治失眠、增加体香）。

5）手串：沉香、檀香、红木、菩提手串（加入民族元素，利用香珠，自行设计各式个性手串）。

（2）服务

1）提供传播香文化的交流平台，提供免费茶水服务；

2）每周开设香道的讲座，免费给消费者进行香道制品、香文化的咨询；

3）免费给消费者进行个性香和香具配置，个性化的手串设计；

4）义务性或商业性地承接大型文化类晚会、聚会的香道表演，推广香道文化；

5）开设香道培训班；

6）组织香道体验活动（如学习香拓的制作，通过闻香来识别沉香、檀香，自制香囊香袋，调制香粉等活动）。

3. 盈利模式

盈利模式有以下几种。

1）（销售商品价－进货商品价－营业成本）×数量=利润（进成品，直接销售）；

2）（销售商品-进货物料-营业成本）×数量=利润（进半成品，加工成品销售）；

3）代购高端沉香、檀香、红木制品，收取适当服务费；

4）香道商业性演出出场费；

5）香道生活体验费；

6）香道培训费。

第三部分 市场分析

1. 市场机会

随着人们生活水平的提高，人们开始追求一种艺术、一种更高雅的生活方式。书画市场、古玩市场繁盛，茶道文化逐渐走入了人们的生活，香道文化也不断兴盛。

一般情况下，佛家等宗教场所是香火兴盛之处，茶楼等复古的休闲场所也是香文化的传播之地，人们越来越接受香道文化。在办公室里点上一支檀香，可以净化空气、驱除异味、分解二手烟、抚烦躁；在家里点上一支沉香，可以缓解压力、增强免疫力、预防疾病、改善睡眠；在茶楼、餐饮场所、休闲场所等公共场所，点上一支檀香，可以净化空气、改善卫生环境，让来往的消费者闻着不断飘逸的香气，感觉舒适，非常惬意。

现代人生活节奏快，消费水平提高，为了追求高雅有品质的生活，改善生活环境，香将是非常大的需求。

2. 市场定位与目标顾客

市场定位与目标顾客	1）个人：有消费能力、追求生活质量的公务员、事业单位文艺界工作者、艺术家、企业中高管，认可喜爱香文化、喜爱中国传统文化的各年龄段消费者，需要培养良好气质和修养的消费者等。 2）休闲场所：茶楼、中高端的餐饮场所、中高端棋牌室等。 3）办公场所：办公室、接待室、会议室。 4）宗教场所：佛家的寺庙、道家的道场等宗教场所。 5）礼品单：有送礼需求的个人和单位。
分析	人类对香的喜好，是与生俱来的天性。 生活中，有女士喜欢香水，在走动过程中随时留下若有若无的香味，让经过者心旷神怡；男士也喷香水，希望让与之接触的人感觉良好。这些是外在的香，在身上停留的时间较短。 香文化，在你所在的场所点上一支香，不但有净化空气、驱除异味，还有缓解压力、增强免疫力、留下体香的功效，让人在馨悦之中调动心智的灵性，于有形无形之间调息、通鼻、开窍、调和身心，妙用无穷。正是由于这个道理，历代的帝王将相、文人墨客都非常爱惜香、爱香成癖。 人们的生活条件改善，开始追求高品质的、精致的生活方式，香文化被越来越多的人群所认可并接受。我们相信香文化市场将是巨大的。

3. 竞争分析

经过前期的为期10天的市场调查，业内人士访谈和问卷调查，初步了解到目前台州的香销售主要集中在佛家用具店、部分的古玩店，还没有专业的香制品销售专卖店，没有专业的香道师。

偶然机遇，参加了2013年9月16日在椒江西景御园中秋妙音雅会，雅会中推出现场香道表演，节目精致典雅，赢得观众的认可和喜爱。经过与主办方的沟通，了解到目前很多大型的文化节目中，都推出香道节目，急需香道师的表演。因为台州没有专业香道师，这次表演的香道师是专门从杭州请过来的。

结论：竞争者少，值得参与。

4. 市场预测

台州市没有专业的香道场所，但社会上存在巨大市场需求。预计经过专业培训的我们开设专业的香道场所后，除售卖专业的香制品和香道用具，会以提供的香道交流平台、香道培训、演艺、香道咨询服务等首创性、专业性、唯一性的特点，吸引消费者。我们在一年内争取做到同类产品的市场占有率为50%以上，独有的产品的市场占有率可以高达80%以上。

5. SWOT 分析

优势	1）新型的专业香道产品零售、有创意、吸引力大。香具、香制品的种类多。产品走以中高低均有，兼有礼品盒，价格实惠。 2）专业的香道培训、咨询、演艺、体验、交流活动。 3）参与经营者极少，进货渠道专业（香制品主要来自越南、老挝、马来西亚）。 4）房租租金低，创业成本低，将店铺营造成一个环境温馨的集购物、交友、销售为一体的良好场所。 5）服务好，为积累信用度，吸引人气，定期开展一些活动。 6）特色的定制、订购服务。微信、QQ、电话订购，送货上门。采取多元化销售方式，如体验式营销、会员制、个性化营销。

劣势	1）学校毕业刚入社会，社会交往少，没有老客户，客户要从无到有逐渐积累。 2）经营中，从进货到物流、从销售到客户的管理和服务，经验少，需要时间在经营中不断去学习锻炼，财务管理复杂。 3）进货渠道由于销售量不够大，进货成本可能会偏高。 4）据前期问卷调查显示，68%的人不了解香，85%的人没有用过香，56%的人不了解香的功效，39%的人了解一些香的功效，这些数据反映了市场需要不断影响和培育。
机遇	1）香文化历史悠久，随着国家重视文化产业的发展，香道文化在近现代的没落之后将应顺势而被重新发扬光大。 2）茶道文化的推广和普及，香道文化正被更广大的人群接受，凡是好茶的消费者，均具有香消费的潜在需求；还有更多修身养性的人群、喜欢优雅精致生活的人群对香也有很多的需求。根据前期的问卷调查显示，有 73%的消费者对香和香道文化有兴趣，20%的消费者选择一般，两者加起来比例超过 93%。所以香道文化的市场非常大。 3）台州市、椒江区目前还没有专业的香道场所，一些店铺兼售香制品，产品种类少，不专业不规范； 4）作为创业者，我们的专业是国际贸易，在校学习使我们有一定的市场营销、贸易专业知识；在校期间寒暑假的茶楼打工经验，已初步具备一些经营方面的知识和经验。经过分析，香道场所的创业资金少，不但是一种创业方式，还是一种比较高雅、精致的生活方式，还可以为中国传统文化之香文化的推广做出自己的一番贡献。
威胁	1）创业初期经验少，在经营和待人接物、进货渠道、商品的选择、顾客沟通和维护、宣传推广方面经验不足，但可通过真诚的服务得以弥补。 2）潜在的较强竞争者。现在很多投资者没有好项目，如果香道场所的生意好，将会吸引大量的资金进入香道行业，到时候资金、人才、技术等大量进入，对未来的经营和发展有较大的竞争风险。

第四部分 营销策略

1. 产品介绍

产品一：香炉

提供由陶瓷、铜等金属材质制成，外形多样的香炉，有博山形、火舍形、金山寺形、鼎形、三足形等。

产品二：手炉

黄铜或白铜材质，圆形、方形、六角形、花瓣形等形状；表面镂空，雕琢成花格、吉祥图案、山水人物等各式纹样的手炉。

产品三：香筒

竹木、玉石材质，长而直的圆筒，上有平顶盖，下有扁平的承座，外壁镂空成各种花样，筒内设有小插管，便于安插线香的香筒。

产品四：香盒

木制，扁平、圆形或方形，体积大小不等。既是容器，也是装饰香案、居室的物品。

产品五：香夹

铜制，香夹用于夹取香品。

产品六：香箸

香箸即“香筷”，铜制。

产品七：香铲

香铲用来处置香灰，铜制。

产品八：香匙

香匙用于盛取粉末状或丸状香品。

产品九：香囊

用传统中药配方，取材并研磨成香粉，或香粉、干花等香品装于刺绣丝袋中，随身携带或挂佩，可以提神、安神、静心，增加体香。

产品十：沉香、檀香

沉香片、沉香线香、檀香线香、沉香粉、檀香粉等香制品。

沉香片

香粉

盘香

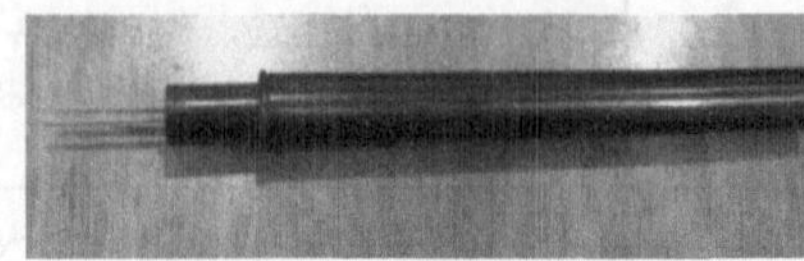
线香

产品十一：自制手串

购进檀香、红木、沉香等散珠，配置绿松石、红玛瑙等物品，设计个性化的手串。

2. 产品定价及预测收入

产 品 大 类	进　　价	售　　价/元	营 业 额/元	预计月收入/元
各类香道用具	不等	（1+30%）×成本	30 000	9 000
香制品	不等	（1+20%）×成本	10 000	2 000
香囊	物料费	（1+200%）×成本	10 000	7 000
手串	物料费	（1+200%）×成本	10 000	7 000
承接晚会香道表演的出场费	—	义务或每次 500～1 000	—	暂不计
香道体验活动	—	每次 50	—	暂不计
香道培训	—	每次 1000	—	暂不计
合计	月底利润估计：25 000			

注：预测收入目前只计算销售部分的收入，未包括演出、体验、培训等收入。

3. 地点

经 营 地 址	面积/米^2	租金/（元/年）	选择该地址的主要原因
椒江商业街	30	15　000	商业街属于椒江的次一级商业圈，大量的餐饮、娱乐消费集中，人流、车流量大，就近的高端小区较多，人均消费能力强。房租较低。
备注	店铺为朝向南边的临街店铺，较高，可以装修成两层，使用面积为 60 平方米左右，有较大的空间可以进行利用。		

4. 促销/宣传推广费用预测

推广方式	主要内容	金额/（元/月）
广告宣传	对店铺周边方圆半径为 1 千米的商业圈进行宣传名片的发送，把宣传广告纸放在茶楼收银台处，由消费者自行索取；通过良好的产品和服务，口碑宣传为主。	宣传单的制作月均费用 500 元。
公关活动	赞助文艺界的聚会、晚会等活动，义务或商业性出席会议、晚会等场合，宣传香道文化，推广香道文化的同时，树立企业品牌形象。	物料耗损、交通费以及相关费用的开支，预估每月 200 元。
优惠活动	购买香道器具以及产品者，均可获赠会员卡，享受免费茶饮活动，免费香道文化讲座和咨询。	会员卡的制作费用每月 300 元。
数据库营销	通过建立微信公众平台、微信朋友圈、QQ 等移动互联网形式发送“香人香道坊”的产品服务信息，树立企业形象，推广香道文化。	无
合计		1 000

第五部分 人员与组织结构

1. 组织结构

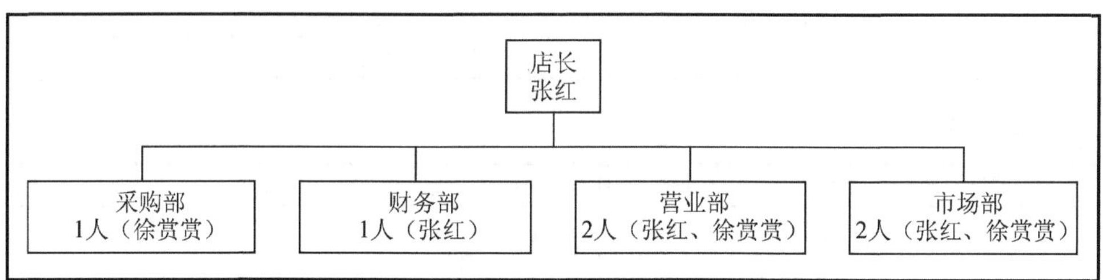

注：创业初期，凡事亲力亲为，不聘请员工；等客户积累多了，生意好了，再酌情聘请相关人员。

2. 经营团队

姓名	年龄	职务	最高学历及专业	主要工作经历	优势专长
张红	18	店长	中专	担任班级团支书，学校礼仪队队长，有一定的组织协调和管理经验。 在御道茶会、烹大师火锅等企业里做过服务员，有一定的工作经验。做事积极、稳重。	稳重、主动、做事耐心、不计较付出、有较好的领导力、合作能力。
徐赏赏	18	采购部负责人	中专	担任班级班长职责，能很好的协调班主任的班级管理工作。 在御道茶会、烹大师火锅、锦江百货品牌鞋柜等企业工作过，有一定的实际工作经验，能够很好的与客户进行沟通。为人热情，做事细心。	做事耐心细致，有创意、有较好的合作能力。

3. 部门/岗位职责

部门/岗位	负责人	职　责
店长	张红	调控香道坊的整体运营；接洽业务，代表企业与外界沟通、联系。
采购部	徐赏赏	寻找最佳香制品的供应商，与供应商保持良好的合作关系。
财务部	张红	财务预算，记账，入货出货统计，现金流的记录，工资的核定等。
营业部	徐赏赏 张红	负责日常经营，销售货物；接待进店的消费者，提供咨询；为消费者提供体验服务。
策划部	张红 徐赏赏	做香道坊的市场推广活动、策划组织香道体验活动等。

第六部分　投资与财务分析报告

1. 资金来源

筹 资 渠 道	资金提供方	金额/元	占投资总额比例/%
资金一	张红自有资金	10 000	10
资金二	徐赏赏自有资金	20 000	20
资金三	张红家长支持	40 000	40
资金四	徐赏赏家长支持	30 000	30
合计	—	100 000	100

2. 主要投入

项　目	费用/元	月开支或月折旧/元	说　明	备　注
房租	15 000	1 250	—	“月折旧”统一按折旧年限为 5 年来计算。
装修费用	40 000	666.66	—	
电脑	3 000	50	—	
香具、香制品、手串珠等产品进货	30 000	—	办公成本包括纸、笔、胶带、茶、茶具，按照平均月开支 1 000 元左右计算。	
办公用品	1 000	1 000		
店铺前的 LED 广告	3 500	58.33		
开业置办证件费用等	500	—		
开业期间宣传、广告费	1 000	1 000	每月用于宣传的平均费用。	
合计	94 000	—	剩余 6 000 元作为企业正式运营的启动资金。	

3. 营业成本预测

项　目		成本、费用/元	备　注
成本费用（月）	场地租金	1 250	—
	装修费用	666.66	—
	电脑	50	—
	店铺前的 LED 广告	58.33	—
	促销/宣传推广	1 000	—

项　目		成本、费用/元	备　注
成本费用（月）	人员工资	1 000×2=2000	创业初期，为了降低成本，避免现金流紧张，前半年，每人领取最基本的工资每月 1 000 元。 企业正常发展有较充足的资金后，工资提升为每人每月 3 000 元。
	办公用品	1 000	—
	水、电、交通费	500	—
	其他费用	100	—
	合计	6 624.99	

4. 盈亏分析

项　目	金额/元	备　注
每月预计销售利润	25 000	预计销售额－进货成本。
每月运营成本	6 624.99	预计销售利润－运营成本。
每月盈利	18 375	纯利。
每年盈利	18 375×12=220 500	

第七部分　风险分析与对策

风险类别	风险内容	应对措施
财务风险	收银过程中有收取假币、收银错误的风险；采购产品被欺诈等现象，可能导致企业受到一定的经济损失。	加强对识别假币能力的培训，采购货物做到货比三家，选择与讲诚信的供应商合作，不贪图偏离市场行情的低价产品。
市场风险	一些产品不能够及时销售。	实行促销手段处理销售滞销商品，进一些个性化、品质化、独特性的商品。
竞争风险	如果市场反应好，会有更多的竞争者进入，竞争加剧。	通过提供高品质的产品、专业化的服务、辅助香道咨询、体验、交流和服务，留住老顾客、吸引新顾客，赢得顾客的关心和光顾。

第八部分　企业发展愿景

“香人香道坊”将发展成台州专业的香道产品制作和销售点、香道文化培育推广交流平台。

创业前期，筹备店铺、产品的同时，我们将参加培训获得香道师的职业资格证书，学会香道，具备推广香道文化的资格。

创业初期，“香人香道坊”是专业香制品香器销售点、香道咨询服务点、香道表演和交流平台；中期经过发展，组织香文化体验活动，组织书法、绘画、音乐欣赏会、古诗文讲座等活动，培育香文化的消费者；后期，举办香道培训，组织跨区域的香道文化交流活动；时机成熟，建立专门的香道文化推广网站；最终将“香人香道坊”打造成有区域影响力的香道文化传播基地。

通过一系列的经营活动，在区域内营造精致、优雅、和谐的生活方式，培养参与者在享受文化本身的同时，还养成优雅的气质、贵族的风格。

“香人香道坊”的经营理念为香是一种文化，是一种创业方式，更是一种高品质的生活方式，我们挖掘失传已久的香文化，借助销售香制品、香器具，打造香文化交流平台，传播香文化，最终达到多赢的局面。

规模不在于大，而在于精、强，利用小平台，发扬大影响是企业的发展愿景。

第九部分 结 束 语

本项目有较高的市场潜力和较强的可操作性，投入少、见效快，既是一种创业方式，也是一种高雅的生活方式，还可以推广香道文化。它符合了现在人们的消费理念——对健康、高品质生活的追求，也符合国家政府对文化产业非常重视的导向，是值得投入并全力以赴去做的一个创业项目。

知识拓展 10-1

关于香道市场的问卷调查

（发出问卷 110 份，回收 100 份）

尊敬的先生、女士：

您好！香道是中国的传统文化之一，历来被文人雅士、贵族官僚、宗教人士和平民百姓接受，它呈现的是一种高雅的生活方式。为了普及香道文化、更好的为大家提供服务，我们进行了这项关于香道市场的问卷调查，希望能够得到您的支持。谢谢！

1）您了解香吗？（　　）

A. 了解 32%　　B. 不了解 68%

2）您用过香吗？（　　）

A. 用过 15%　　B. 没有用过 85%

3）您了解香的功效吗？（　　）

A. 了解 5%　　B. 了解一些 39%　　C. 不了解 56%

4）您了解香有哪些品种吗？（　　）

A. 了解 9%　　B. 了解一些 45%　　C. 不了解 46%

5）您周围的朋友有用香的习惯吗？（　　）

A. 有 11%　　B. 不知道 45%　　C. 没有 44%

6）您想了解香及香道文化吗？（　　）

A. 想了解 92%　　B. 随便 5%　　C. 不想了解 3%

7）您平时喝茶吗？（　　）

A. 经常喝 18%　　B. 偶尔喝 55%　　C. 几乎不喝 27%

8）在您喝茶的地方，一般会点香吗？（　　）

A. 会 10%　　B. 很少 56%　　C. 没有 34%

9）您附近有没有卖香的地方或者香道馆？（　　）

A. 有 10%　　B. 没有 78%　　C. 不知道 12%

10）您认为香在点燃后散发的香气对人的健康、缓和情绪等方面有促进的作用吗？（　　）

A. 有 34%　　B. 不知道 61%　　C. 没有 5%

11）您对香和香道文化有兴趣吗？（　　）

A. 有 73%　　B. 一般 20%　　C. 没有 7%

12）您对我们提供的各式香制品有兴趣去尝试吗？（　　）

A. 有兴趣　80%　　B. 一般　11%　　C. 没有兴趣　9%

13）您愿意在您的生活和工作环境中使用香吗？（　　）

A. 愿意　58%　　B. 随便　33%　　C. 不愿意　9%

14）如果您对香和香道文化有兴趣的话，我们这边提供您学习的机会，并有专门的专业香道师为您培训，您会有兴趣吗？（　　）

A. 有　38%　　B. 一般　41%　　C. 没有　21%

15）如果您对香制品有兴趣的话，多少价位范围是您能够接受的？（可多选）(　　)

A. 50 元以内　84%　　B. 50～100 元　55%

C. 100～200 元　21%　　D. 200 以上　7%

16）您的年龄在下面哪个数字范围内？(　　)

A. 20 岁以下　4%　　B. 20～30 岁　29%　　C. 31～40 岁　36%

D. 41～50 岁　28%　　E. 50 岁以上　3%

17）请问您的月收入在下面哪个数字范围内？(　　)

A. 2500 元以下　11%　　B. 2500～4000 元　63%

C. 4000～6000 元　21%　　D. 6000 元以上　5%

非常感谢您的合作！

创业行动

如果企业开始正式营业了，你考虑过企业日常的开支了吗？

以月为单位，对自己的企业在一个月内需要开支的项目进行预算，算出你的企业流动资金需求，见表 10-4。

表 10-4　我的项目流动资金需求

项　目	月费用/元	备　注
业主的工资		
员工工资		
房屋租金		
营销费用		
交通费		
—		
—		
—		
—		
—		
—		
—		
月流动固定最低资金合计		

注：本创业计划书获 2014 年全国职业学校“挑战杯——彩虹人生”创新创效创业大赛一等奖。

附　录

创业计划书模板

创业计划书

企业名称＿＿＿＿＿＿＿＿＿＿＿＿＿＿＿＿

创业者（团队）＿＿＿＿＿＿＿＿＿＿＿＿＿＿

联系电话＿＿＿＿＿＿＿＿＿＿＿＿＿＿＿＿

电子邮箱＿＿＿＿＿＿＿＿＿＿＿＿＿＿＿＿

目　　录

一、创业者分析

（创业者照片）

团队成员寄语

二、企业概况

公司名称	
经营范围	
公司类型	□有限责任公司 □个体工商户 □个人独资企业 □合伙企业 □其他 （ ） （打“√”选择）
注册地址	

三、市场分析

目标客户	
市场地位	
市场预测	
竞争者分析	

四、市场营销计划分析

1. 产品、价格

序　　号	产品/服务	特征、功能、价值描述	价　　格
1			
2			
3			
4			
5			
6			

注：写出主要的产品或服务即可，可以增加产品或服务的项目。

2. 地点

1）选择的地址：

2）选择原因：

3. 促销

五、人员及工作安排

岗 位	负 责 人	职 责	薪 酬

六、投资与财务分析报告

1. 资金来源

筹 资 渠 道	资金提供方	金额/元	占投资总额比例/%
自有资金			
私人拆借			
银行贷款			
其他融资			
总计	—		100

2. 主要投入

项 目	费用/元	月开支或月折旧/元	说 明
合计			

3. 经营费用预测

项　　目	成本、费用/元	备　　注
合计		

七、风险预测

八、创业计划书评估

企业名称	
专家点评	评估内容： 签字 ___________ 年　　月　　日

参 考 文 献

中国就业培训技术指导中心．2013．SYB 创办你的企业．北京：中国劳动社会保障出版社．